LATTKE · DIE ODEN SALOMOS

ORBIS BIBLICUS ET ORIENTALIS

Im Auftrag des Biblischen Institutes der Universität
Freiburg Schweiz
und des Seminars für Biblische Zeitgeschichte
der Universität Münster
herausgegeben von
Othmar Keel,
unter Mitarbeit von Bernard Trémel und Erich Zenger

Zum Autor:

Michael Lattke, geb. 1942 in Stettin. Nach dem Abitur (1961) Studium
der Mathematik (1961–1963), Philosophie und Theologie (1964–1969)
in Bonn und Tübingen. Diplom der katholischen Theologie in Tübin-
gen (1968). Seit 1966 verheiratet mit Gisela Bewerunge, 2 Kinder.
1970–1971 Referent für theologische Erwachsenenbildung im Bistum
Speyer, 1971–1973 wissenschaftlicher Mitarbeiter im Institut für neu-
testamentliche Textforschung der Universität Münster i. W. Promotion
1973/74 in Freiburg i. Br. bei Prof. Dr. A. Vögtle mit der Arbeit «Ein-
heit im Wort. Die spezifische Bedeutung von ἀγάπη, ἀγαπᾶν und φιλεῖν
im Johannesevangelium». Seit 1974 wissenschaftlicher Assistent von
Prof. Dr. H. Leroy am Lehrstuhl für Einleitung in die Bibelwissen-
schaft und Hermeneutik der Universität Augsburg. Seit einigen Jahren
Studium des Armenischen, Koptischen und Syrischen bei Prof. Dr.
J. Assfalg in München. Habilitation (mit OBO 25/1 und 25/2) für
das Fachgebiet Neues Testament 1979 an der Katholisch-Theologischen
Fakultät der Universität Augsburg.

ORBIS BIBLICUS ET ORIENTALIS 25/1a

MICHAEL LATTKE

DIE ODEN SALOMOS IN IHRER BEDEUTUNG FÜR NEUES TESTAMENT UND GNOSIS

BAND Ia

Der syrische Text der Edition in Esṭrangelā
Faksimile des griechischen Papyrus Bodmer XI

UNIVERSITÄTSVERLAG FREIBURG SCHWEIZ
VANDENHOECK & RUPRECHT GÖTTINGEN
1980

CIP-Kurztitelaufnahme der Deutschen Bibliothek

Lattke, Michael:

Die Oden Salomos in ihrer Bedeutung für Neues Testament und Gnosis / Michael Lattke. – Freiburg (Schweiz): Universitätsverlag; Göttingen: Vandenhoeck und Ruprecht.

(Orbis biblicus et orientalis; 25)
ISBN 3-7278-0219-7 (Universitätsverlag)
ISBN 3-525-53334-9 (Vandenhoeck und Ruprecht)

NE: Odae Salomonis; Die Oden Salomos.

Bd. 1a. Der syrische Text der Edition in Estrangela: Faks. d. griech. Papyrus Bodmer XI. – 1980.

Gedruckt mit Unterstützung der Gesellschaft der Freunde
der Universität Augsburg

VORWORT

Die Möglichkeit und wissenschaftliche Notwendigkeit für das Erscheinen dieses Ergänzungsbändchens ergibt sich aus seinem zweifachen I n h a l t .

Zum einen ist mir die großzügige Anschaffung und Bereitstellung einer syrischen Schreibmaschine durch den Lehrstuhl für Einleitung in die Bibelwissenschaft und Hermeneutik (Prof. Dr. H. Leroy) an der Universität Augsburg ein höchst willkommener Anlaß, nun auch den überlieferten syrischen Text meiner Edition der Oden Salomos in originaler syrischer Schrift zu veröffentlichen: S. 6 - 58.

Mancher Neutestamentler und Orientalist, der syrische Quellentexte in einer altsyrischen Schrift flüssiger liest und leichter überschaut als in einer Transliteration, wird dies sicher begrüßen. Allerdings möchte ich hier wiederholen, was ich zur Wahl der einfachen Transliteration in der Einleitung zu meiner Habilitationsschrift gesagt habe: Eine einheitliche, eineindeutige und international gültige Transskription existiert für das Syrische nicht. Für die Transliteration, vielleicht ästhetisch nicht die befriedigendste, doch wissenschaftlich die sauberste Kompromißlösung, gibt es aus der Sicht der Bibelwissenschaft durchaus auch einen positiven Aspekt. Kennern des Hebräischen werden wenigstens an manchen Stellen die Wortwurzeln von Verbformen und Nominalbildungen eine gewisse lexikalische und semantische Verstehenshilfe sein können. Außerdem darf darauf hingewiesen werden, daß das für die mandäischen Texte — die ja auch für die Interpretation der Oden Salomos beachtet werden müssen — so wichtige „Mandaic Dictionary" von E. S. Drower und R. Macuch ebenfalls mit einem Transliterationssystem („a single letter, a single sign", S. VI) arbeitet, was sich natürlich bei der weitgehenden scriptio plena mandäischer Texte noch eher anbietet. Weitere Beispiele für die wissenschaftliche Verwendung der Transliteration bei der Wiedergabe syrischer Texte wären unschwer anzuführen.

Der syrische Text ist so gestaltet, daß er — auch in Verbindung mit der Konkordanz (OBO 25/2) — einzeln benutzt werden kann, daß er aber vor allem — für den Vergleich mit der deutschen Übersetzung und mit den Überlieferungsresten der übrigen Versionen — der Edition (OBO 25/1, S. 79-185) seitenidentisch entspricht. Die hier in Klammern beigegebenen Seitenzahlen beziehen sich somit auf die Paginierung der Edition mit dem syrischen Text in Transliteration und mit dem (nicht noch einmal wiederholten) textkritischen Apparat.

Allerdings ließ es die Zierlichkeit der syrischen Schriftzeichen der Maschine nicht ratsam erscheinen, den Text für den Druck zu verkleinern. Die Gefahr der Verwechslung bestimmter gleichgestaltiger Buchstaben ist, beim Schreiben und beim Lesen, ohnehin groß genug! So ergibt sich eine geringfügige Differenz in der Größe des Satzspiegels gegenüber der Edition. In zwei Fällen – S. 23 (114) und S. 26 (120) – finden sich daher die Überschriften und je zwei Verse (OdSal 12, 1f und 16,6f) in leicht geänderter Anordnung.

Zu den Prinzipien und den diakritischen Zeichen der Edition sei ausdrücklich auf all das hingewiesen, was an verschiedenen Stellen in OBO 25/1 dazu steht. Der unvokalisierte Esṭrangelā-Text enthält üblicherweise außer den Pluralpunkten und dem das feminine Suffix 3. Sg. kennzeichnenden Oberpunkt (ܗ̇—) nur sehr wenige diakritische Punkte, und zwar bei folgenden Wörtern (jeweils mit Angabe der Seite in der Konkordanz): ܪܒܐ̇ (S. 75), ܗ̇ܘ (S. 78), ܡ ܕ̇ (S. 82), ܗܘܝ̇ܘ (S. 84), ܗ̇ܘ (S. 84), ܢ̇ܒܐ (S. 101) und ܚ̇ (S. 136). N i c h t punktiert sind dagegen also ܪܒܐ , ܗܘ , ܡ ܕ , ܗܘܝܘ , ܒܗ und ܚܒ.

Die erneute Durchsicht der Edition läßt mich auf einige corrigenda in OBO 25/1 hinweisen, s. u. S. 58.

Das fünfseitige Faksimile des Papyrus Bodmer XI mit der griechischen Ode 11 bildet den zweiten Teil des vorliegenden Ergänzungsbändchens: S. 59 - 64.

Für die freundliche Erlaubnis, jetzt – nach dem Faksimile des syrischen Kodex N (vgl. OBO 25/2, S. 195-201) – auch noch die Photos von Papyrus Bodmer XI zu veröffentlichen, danke ich dem Stiftungsrat der **FONDATION MARTIN BODMER** in Cologny-Genève, insbesondere dem Direktor Dr. H. Braun.

Augsburg, im Herbst 1979   Michael Lattke

ܘܟܬܒܐ ܕܐܚܐ ܡܫܬܠܡܢܘܬܐ

ــــ ܡܠܠ ܐܝܟ 1

ܘܐܢܗܪ ، ܢܘܗܪܗ ܐܝܢ 2

ܘܩܡ ܠܗ ܐܠܐ ܢܦܫ ܬܒܘ ܘܠ

ܠܐ ܗܘܐ ܡܢ ܪܝ ܕܢ ܗܘܡ ܠܝܫܝܢ ܠܘܗܝ ܪܝܫܝܬ ܐ 3

ܘܠܐ ܗܘ ܐܠܐ ܪܝܘܕ ܗܘܡ ܠܘ

ܒܠܢ ܡܚܝܢ ܠܩܫܝܪ ܫܪܝܪܬܐ 4

ܐܠܐ ܗܘ ܬܪܝܘܕ

ܥܒܕ ܐܠܐ ܪܝ ܠܘܡܝܚܪ ܪܝܘܚܬܐ ܠܗ ܘܦܩܕ 5

ܘܐܪܬܐ ܕ ܚܫܝܚ ܐܪ ܐܝܢ ܐܪܬ، 6

ܘܠܐ ܐܡܪ ܗܘܐ ܩܘܒܪ ܐ

ܡܛܠ ܕ ܠܗܠ ܗܘ ܩܝܪ ܐܪ ܕܪ ܐܪ ܗܠ ܘܡܚ ܕܪ ܘܪܝܫܝܬܐ 7

ܐܬܒܣܝ ܥܠ

ܡܛܠ ܕܐܚܝܬ ܪܝܚܬ ܗܘܡ ܪܝܚܬ ܫܪܝܪܬ ܪܝܚܬ ܐ

ܡܛܠ ܕܪܝܘܚܬܐ ܗܘܡ ܒܪ ܐܝܪܐ

ܗܘܡ ܐ ܒܪ

ܡܗ ܐܝܢ ܡܬܚܒܩ ܗܘ ܗܘܡ ܬܒܣܘܩ ܐܠ ܬܒܣܬ 8

ܐܦ ܗܘ ܗܘܡ ܐܠܐ ܡܚܒܬ ܗܘܐ

ܗܘܡܐ ܕ ܚܝܒܢܝܐ ܡܚܒܠܛ 9

ܢܒܝܢ ܚܝܒ ܗܘܡܐ

ܗܘܐ ܕܢ ، ܗܘ ܪܚܝܡ ܪܝܚܬ ܪܝܚܬ ܐ ܐܠܐ ܪܝܘܢܚ، ܗ ܪܝܡ ܗܘܐ 10

ܐܠܗܐ ܕܚܝܬ ܠܚܝܒܝܢ ܐܬܒܢܝ ܐܬܚܝܒܘ

ܐܬܚܝܒ ܘ ܐܬܡܚ ܗܘܒܣ ܘܐܬܒܣܝܒܪܘ 11

ܡܠܠܘ ܐ

ܡܚܝܪ ܬܚܫ ܕܪܝܘܒܫ

ܠܐ ܐܪ ܫܪ ܣܒܠܘܚ ܗܝܢ ܡܚ ܩܡܚ ܫܝܠ ܗܘܐ ، 1

ܘܠܐ ܪܚܝܘ ܪ ، ܘܫܝܠܘܩܝܘܢ ، ܘܫܝܠܘܩܝܘܢ ܪܚܝ ܘܠ

ܡܛܠ ܕܠܗ ܫܝܠ ، ܚܝܠܟ ܘ ܐܬܟܐ 2

ܘܩܡܚ ܐܬܪ ܝܢ ܪܚܝܒܫ

ܡܢ ܡܪ ܢܝܐ ܕ ܚܒܬܢ ܐܬܪܐܚ ܐ

ܡܚܝܢ ܠܐ ܡܬܚܒܠ ܘ ܗܘܡ ܢܡ ܪܝܚܒܝܢ ܪ ܝܡ 3

ܠܛܘ ܠܗ ܝܢ ܟܠܗ ܐ ܝܒ ܢܝ ܘܡܬܝܢܗ

4 ܠܐ ܐܢܫ ܡܗܦܟ ܐܬܪܟ ܩܕܝܫܐ

ܘܠܐ ܐܦ ܡܫܚܠܦ ܠܗ ܠܐܬܪܟ

5 ܡܛܠ ܕܗܘ ܝܗܝܒ ܫܘܠܛܢܟ

ܘܒܣܒܪܟ ܟܠܗܘܢ ܚܣܝܐ ܩܕܝܫܐ ܕܝܠܟ

6 ܐܢܬ ܗܘ ܡܪܝܐ ܒܪܟܬ ܘܟܗܢܘܬܐ

7 ܗܘ ܡܪܝ [ ] ܡܪܝܐ ܐܝܟ ܕܝܠܟ

ܕܟܗܢܘܬ ܠܗ ܒܚܝܠܟ

8 ܠܟ ܗܘ ܚܙܝܢ [ܐ]ܐܠܗܐ ܕܚܝܠܟ

ܡܛܠ ܕܪܚܡܬܟ ܣܓܝܐܐ ܘܛܒܬܐ

9 ܝܗܒܬ ܠܟ ܣܒܪܬܟ

ܠܐ ܗܘܐ ܕܬܚܣܟ ܐܢܬ ܡܢܗ

ܐܠܐ ܕܢܬܚܣܟ ܡܢܟ ܐܠܨ

10 ܘܢܩ ܚܣܟ ܪ̈ܚܡܝܟ

ܘܐܦܩ ܚܣܝܘܬܐ ܕܝܠܟ ܠܒܢ̈ܝܐ

ܕܗܘܝܢ ܠܟ ܡܠܟܘܬܟ ܩܕܝܫܐ

11 ܡܛܠ ܕܚܕ ܗܘ ܐܠܗܐ ܐܢܬ

ܘܐܬܬܚܕܬ ܡܢ ܠܒ ܕܝܠܟ ܗܘ

12 ܘܡܚܘܝܐ ܐܠܟ ܗܘܐ ܒܟ

13 ܕܡܛܘܠ ܡܢܐ ܗܘܐ ܕܝܢ ܡܛܘܠ ܡܗܝܡܢ

ܕܠܐ ܡܗܝܡܢ ܗܦܘܟ ܗܦܟ ܐܝܟ

14 ܡܛܘܠ ܕܝܪ ܚܕ ܐܝܟ ܐܠܟܐ ܐܠܗܐ ܗܘܐ ܠܟ

ܘܡܟܣܗ ܗܘܐ ܡܢ ܒܪ ܐܢܫܐ ܡܗܝܡܢ

15 ܘܐܢܬ ܗܒܬ ܒܪ ܐܟ ܟܒܬ ܠܟ

ܣܟܠܘ ܐ

ܘܡܪܬܐ ܕܚܡܫܐ

1　ܡܘܕܐ ܐܢܐ ܠܟ ܡܪܝܐ ܡܛܠ ܕܪܚܡܬܟ
ܥܠ ܐܠܗܐ ܪܡܐ ܠܐ ܬܫܒܩܢܝ

2　ܡܛܠ ܕܐܢܬ ܐܝܬܝܟ ܣܒܪܝ
ܡܓܢ ܢܣܒܬ ܛܝܒܘܬܟ ܐܚܐ ܒܗ

3　ܢܐܬܘܢ ܪܕܘܦܝ ܘܠܐ ܢܚܙܘܢܢܝ
ܐܢܐ ܥܝܒܐ

4　ܕܚܫܘܟܐ ܢܦܠ [ܘ] ܥܠ ܥܝܢܝܗܘܢ
5　ܘܐܐܪ ܕܥܡܛܢܐ ܢܚܫܟ [ܠܗܘܢ] ܐܢܘܢ

ܘܒܥܪܒܝܐ ܚܫܟܐ ܢܗܘܐ ܠܗܘܢ

ܘܠܐ ܗܘܐ ܠܗܘܢ ܣܒܪܐ ܕܚܝܘܗܝ   **6**

ܕܠܐ ܐܬܚܙܒܘ ܠܗ܂

ܐܬܒܠܩܘ ܗܘܐ ܬܪܥܝܬܗܘܢ   **7**

ܘܡܕܡ ܕܐܬܚܫܒܘ ܥܠܝ ܣܦܝܩܐܝܬ ܗܘܐ ܠܗܘܢ܂

ܐܬܚܫܒܘ ܥܠܝ ܗܘܐ   **8**

ܘܠܐ ܗܘܐ ܠܗܘܢ܂

ܐܬܬܚܕܘ ܒܚܫܘܟܐ   **9**

ܘܐܬܬܒܪܘ ܒܡܝܐ ܣܪܝܩܐ܂

10　ܟܠ ܕܚܙܝܢܝ ܗܘ ܢܬܕܡܪܘܢ܆
　　ܡܛܠ ܕܡܢ ܓܢܣ ܐܚܪܝܢ ܐܢܐ

11　ܡܛܠ ܕܐܒܐ ܕܩܘܫܬܐ ܗܘ ܐܬܕܟܪܢܝ܆
　　ܗܘ ܕܩܢܢܝ ܡܢ ܩܕܝܡ

12　ܥܘܬܪܗ ܕܗܘ ܚܘܒܐ ܠܒܒܢܝ܆
　　ܘܐܬܬܢܝܚܬ ܒܗ

13　ܘܐܦ ܐܝܬ ܠܝ ܢܝܚܐ ܕܢܦܫܐ܆
　　ܘܐܝܬ ܠܝ ܐܒܐ ܕܚܝܐ

14　ܘܐܦ ܒܝ ܐܝܬ ܪܘܚܐ ܕܩܘܫܬܐ ܕܡܚܝܐ܆
　　ܘܐܝܬ ܠܝ ܫܘܒܚܐ

15　ܡܛܠ ܕܐܒܐ ܕܩܘܫܬܐ ܗܘ܆
　　ܘܪܘܚܐ ܒܗ

ܘܡܪܝܐ ܢܒܥ

1 ܐܝܟ ܕܪܕܝܐ ܪܘܚܐ [ܘܢܝ]ܐ ܒܡܐܡܪܐ
ܠܩܠܐ ܡܛܠܠܘ

2 ܘܡܢ ܐܝܟ ܟܡܪܢܫ ܪܘܚܐ ܘܪܕܝܐ ܠܐ ܟܢܘ
ܡܛܠܠܘ ܐܠܐ ܘܒܣܘܘ

3 ܗܟܢܐ ܐܝܟ ܕܡܪܝ ܪܘܚܐ ܕܡܪܝܐ،
ܘܩܠܝ ܕܡܪܝܐ ܐܝܟ ܐܝܟ

4 ܘܡܪܝܐ ܐܝܟ ܢܒܥ ܡܢ ܪܘܚܐ ܒܝܬ ܘܡܪܝ ܘܢܐ ܠܐܪܢܝܘܬܐ

5 ܗ ܠܐ ܕܪܡܝ ܘܒܣܡ ܩܡܐ
ܗ ܠܐ ܕܪܡܝ ܒܣܡ ܘܩܡ ܠܟܠܐ

6 ܘܣܓܝ ܒܫܬܗ ܪܗܝ ܐ

7 ܘܐܣܬܩܒܬܘ ܘܗܢ ܠ ܐܪܡܝܘ
ܘܢܝܠ ܠܝܘܡ ܡܢ ܪܘܚ ܟܣܒܪ

8 ܘܗܠ ܐܝܟ ܩܠܒ ܘܩܡܐ ܟܡܐ ܝܪܡܐ ܘܗܒܐ ܐ
ܘܩܪ ܐܝܟ ܒܠܛܡ ܢܝܚ ܐܝܬܒ، ܠܩܠܐ

9   ܘܠܐ ܐܫܟܚܬ ܕܐܘܬ، ܚܠܬܢܬܐ ܕܬܩܪ، ܐܝܟܪ

ܘܐܘܠܐ ܐܫܟܚܘܬܗܘܢ، ܗܘܢ ܕܠܒ ܗܘܢ ܡܢ

10 ܐܬܐ ܢܝ ܚܠ ܩܪ ܚܠܐ ܐܝܪܐ ܘܡܠܐ ܘܠܡܐܟܪ.

11 ܘܬܝܬ ܚܠܡܐ ܗܘܢ ܡܝ ܗ ܪܝܬ ܐܝܪܐ

ܘܗ ܪ ܐܬ، ܐܬܝܪ ܗܝܘܕ.

12 ܡܢ ܐܝܪ ܡܪ ܐܬܗ ܢܝ ܡܗ ܡܠܬ ܐܬ

13 ܟܠܗܘܢ ܡܗ ܡܚܠ ܠܚܬܬܕܝܘܗ، ܗܘܡ ܡܪ ܡܠܬ ܐܬ

ܗܘܢ ܕܐܬܗܡܠܚܬ ܡܗ،

14   ܐܘܝܬ ܩܥܘܬ ܒܦܘܬܢ

ܘܣܥܪܬ ܗܘܐ ܕܢܦܫ̈ܝ ܐܟܘܬܟܘܢ

15   ܘܦܘܩܬ ܬܕܡܪ̈ܘܢ ܗܘ، ܕܣܓܝ ܡܢ ܩܬܡ ܐܟܘܬ ܐܝܠ

16   ܘܡܕܡ̈ܝ ܕܝܠܠܬܢ ܗܘܐ ܕܝܪܝܢ ܘܐܣܥܪܬܘ

17   ܘܒܗ ܗܝܠ ܐܬܕܒܠܬܠܐ ܘܕܘܡܪ̈ܐ ܘܐܬܚܬܪ̈ܝܘܡܢ

18   ܒܪܗ ܕܡܠ ܐܠܐ ܕܒ ܐܬܒܕܘܒܕ ܐܘܠ ܢܘ ܒܪܝ

ܘܢܬܣܕ ܕܬܚܬ̈ܐ ܣܢ̈ܪ ܕܝܠܠܗ

ܗܠܠ ܐ

ܘܢܘܪܬܐ ܕܒܟܐ

1　ܐܝܟ ܪܝܓܬܗ ܕܚܘܒܐ ܥܠ ܢܦܫܬܐ
　　ܐܝܟܢܐ ܗܟܢܐ ܚܕܘܬܗ ܕܡܪܝܐ
　　ܡܢ ܦܐܪ̈ܘܗܝ ܕܠܐ ܚܒܠܐ ܐܝܬܝܗ

2　ܚܕܝ ܠܗ ܕܪܝ ܗܘ ܗܢ ܘܡܫܡܠܝ ܠܗ
　　ܡܢ ܪܝܫܗ ܕܪܘܚܢ

3　ܚܕܝ ܠܝ ܐܢ ܐܝܬ ܠܝ ܐܬܪ ܐܝܢ ܠܝ
　　ܐܬܕܪܟܬ ܕܠܐ ܡܫܟܚ ܡܣܝܟ ܠܗ
　　ܘܐܬܘܗܝ ܓܝܪ ܡܣܝܟܘܬܗ ܐܝܟ ܪܝܫܝܪܝ

4　ܗܘܐ ܐܒܐ ܕܝܠܗ ܐܫܬܡܥܬ ܠܗ
　　ܒܪܥܝܢܗ ܕܢܦܫܗ ܐܒܐ ܕܝܠܗ ܕܢܬܚܟܡ

5　ܗܠܐ ܘܚܕ ܗܝ ܒܚܝܠܗ
　　ܕܝܠܗ ܗܘܐ ܚܠܝܡ

6　ܐܝܟ ܚܝܠܗ ܗܘܐ ܕܝܠܗ ܕܡܬܚܠ
　　ܘܐܝܟ ܪܝܫ ܦܘܪܥܝܢ ܕܝܠܗ ܕܠܐ ܡܫܟܚ ܡܣܬܡ

7　ܐܒܐ ܕܒܗ ܗܘ ܦܪܘܩܐ ܒܪܗ ܕܐܬܐ

8　ܗܘ ܕܒܪܐ ܫܘܡܬܐ

9　ܘܗܘ ܕܒܪ ܚܕ ܠܐ ܗܘܐ
　　ܐܝܟ ܕܐܬܚܙܝ ܗܟܢܐ ܒܪ ܗܘܐ

10　ܕܝܠܗ ܗܘ ܪܝܫ ܫܘܠܛܢ ܣܘܠܩܐ ܐܬܝܐ
　　ܘܐܒܐ ܠܪ ܕܐܟܒ ܚܘܒܐ ܘܪܡܩܐ ܠܝ ܕܝܠܗ

11　ܕܝܠܗ ܗܘܐ ܐܪܫ ܐܝܟ ܘܗܘ ܕܠܐ ܫܟܠܐ
　　ܐܦܘܩܘܐ ܕܚܠܝܛܐ ܫܒܟܐܠ

12　ܘܒܗ ܡܠ ܕܐܬܗ ܕܣܠܒ ܠܟܠ ܐܝܘܬܗ ܐܬ ܐܠܘ
　　ܕܝܠܗ ܕܐܦܘܕܗ ܠܗ ܕܐܬܗ ܐܘܢ
　　ܕܠܐ ܘܒܪ̈ܝܘ ܚܕ ܘܡܚܘ ܗܘܘ

13　ܠܒܪܗ ܗܟܢܐ ܐܪܫ ܚܘܝܬܗ ܣܘܡ
　　ܐܒܠ ܘܐܒ̈ܝܘ

14　ܗܟܢܐ ܗܘ ܚܠܝܢ ܗܟܠܬܐ ܕܚܘܝܪ̈ܝ ܣܘܡ
　　ܘܗܠܬܗ ܪܝ ܚܒܝܫ ܚܒܐ ܡܢ ܝܠܕܬܐ

ܗܘܐ ܚܠܛ ܓܝ ܚܠܡ 15
ܗܠܟ ܗܘܐ ܟܒܪ ܐܙ

ܩܕܡ ܠܟ ܐܘܣܝܢ ܢܝܣܝܡܢܘܦ ܠܓ 16
ܘܣܢܚ ܢܚܪ ܐܝܕ ܢܝܕܥ ܗܘܡܝ،

ܐ ܗܢܕ ܡܠܫܬ ܐ ܝܪܐ ܬܐܝܘ ܐܡܠ ܢܘܐ ܝܐ ܗܢܕ ܚܠܫܠ ܐܚܕܒܠ 17
ܐ ܕܘܒܚ ܗܕ ܢܝܠܚܘ ܢ ܢܝܪܝܡ ܠܐܣܕܝ ܢܡܘܗܒ
ܡܠܡ ܡܠܩ ܝܬܝܢܓܡ ܐ ܕܝܝܠ ܐ ܕ ܝܢܣܟܒ،

ܚܝ ܬ، ܡܚܣܡ ܢܠ ܝܐ ، ܡܚܣܚܠ ܠܝ 18
ܡܚܣܡ ܢܠܚܝܘ،

ܡܣܚܡ ܐ ܝܪܐ ܠܓܝ ܐ ܝܒܣܚܘ 19
ܐ ܚܠܘ ܗܡ ܪܒ ܕܩܡ ܗ ܠܓ

ܐ ܝܪܐ ܢܡ ܡܠܣܚܪ ܥ ܗܬܬܝܪ ܝܬܬܐ 20
ܒܥܘ ܝܠܝܠܟ ܠܬܬܬܒ

ܐ ܕܝܪܒ ܐ ܠ ܝܓ ܢܠ ܐܚ ܐ ܬܟܘܒܠܬܐ 21
ܐ ܝܪܐ ܗ ܡ ܐ ܬܬ ܠܓ ܗܕ ܐܬܬ ܠܓ

ܐ ܡܥ ܝܪܒ ܐ ܝܪܐ ܕ ܐ ܚܠܘܩ ܢ ܝܪܝܬܕ ܝܠܠܡ ܢܘܝܚܝ 22
ܡܗܬܥܒܪ ܢܘܝܢܣܘ

ܢܘܗܠܟ ܐ ܗܘܐ ܐܫܡ ܟܝܐܘ 23
ܢܘܗܝܢܒ ܐ ܝܪܐ ܕ ܐ ܬܘܒܐ ܝܪܕ ܟܝܐܘ
ܐ ܝܠܒܕ ܐܙܩ ܐ ܗܘܐ ܐܠܘ
ܐ ܬܬ ܝܬ ܐܠܘ
ܫ ܝܚܕ ܐܠܘ

ܡܠ ܝܬ ܠܓ ܪܒ ܝܓ ܐܡܚܩ 24
ܡܗܠ ܐܠܩ ܕ ܐܠܘ ܠܚܠܛܠ
ܡܗܘܝܚܫܠܠܘ

ܡܗܢܬ ܝܝܚ ܘܢܣܐ 25
ܡܗܒܝܠܛ ܘܚܣܘ
ܐ ܠܠܘܡ

ܐܘܚܕܘ ܐܬܪܥܬܐ

1 ܦܬܚܘ ܦܬܚܘ ܠܬܪ̈ܥܬܐ ܠܟܘܢ ܡܢ ܪܡܐ
ܘܐܬܬܪܝܡܘ ܣܘܟܟܝܟܘܢ ܕܡܢ ܠܟܐ ܕܕܠܐ ܦܠܘܓܐ

2 ܠܝܫ̈ܬ ܗܘܐ ܕܐܝܬܝܟ ܒܠܘ ܝܠܝܟ ܡܢ ܪܫܝܬ
ܕܠܟܠܗܘܢ ܒܢ̈ܝܢܫܐ ܐܬܓܠܝܬ ܒܡܟܝܟܘܬܝ

3 ܘܝܘܠ ܦܬܚܝܘܗܝ ܗܘܐ ܦܬܚܘܗܝ ܒܠܒܝ ܕ̈ܠܝܟ ܘܐܬܓܠܝܐ
4 ܗܘܐ ܠܗܘܢ ܗܘܐ ܒܟܝܠܐ
ܠܟܠܗܘܢ ܕܐܬܗܦܟ ܠܘܬܗ

5 ܗܘܐ ܕܐܬܬܪܝܟ ܒܥܬܐ ܝܘܠ ܐܬܬܪܝ ܟܠܘܢ
ܘܐܬܬܪܝܟ ܐܢܬ ܕܗܦܘܗܝ

6 ܒܢ̈ܝܟ ܕܐܝܬ ܠܟܘܢ ܝܠܘ ܐܬܪܝܟ ܒܝ ܟܠܟܘܢ ܒܝ
ܐܘܣܦܘ ܝܬܟܘܢ ܡܢ ܗ̈ܕ̈ܝܐ

7 ܘܐܬܪܝܡܘ ܟܠܟܘܢ ܒܥܝܐ
ܡܢ ܡܝܢ ܕܐܝܬܝ ܟܠܟܘܢ

8 ܣܓܘܕ ܦܬܟܝ ܕܒ̈ܪܝ̈ܐ
ܘܠܒܥܝܐ ܕܝ̈ܠܝ ܒܪܝܬܗ ܕܒܝ

9 ܠܟ ܠܟ ܕܝ̈ܠܝ ܒܢ̈ܝܟܘܢ ܒܟܘܢ ܕܐܝܬ ܐܢܐ ܠܟܘܢ
ܘܐܠܐ ܠܟܠܟܘܢ ܒܟܟܘܢ ܕܐܝܬ ܐܢܐ ܠܟܘܢ

10 ܠܐ ܝܠܘ ܗܘܐ ܕܐܬܗܦܟܘ ܡܢ ܡܢ
11 ܠܐ ܡܣܝܟ ܗܘܐ ܕܐܬܗܦܟܘ ܡܢ ܡܢ
12 ܘܐܬܒܪܝܘ ܗܘܐ ܕܒ̈ܪܝܐ ܟܠܘܢ ܕܚܒܫ ܠܟ
13 ܐܘܣܟܟܟ ܟܣܟܟܐ ܡܠܝܟ ܕܝܣܟܟ
14 ܠܟ ܟܠܝ ܗܦܟ ܐܢܐ ܐܬܩ̈ܪܟ ܡܢ ܗ ܠܟ
ܟܠܟ ܕܝܟ ܐܢܐ ܠܗܘܢ

15 ܡܢ ܡܝܢ ܕܠܐ ܟܘܢ ܗܘ̈ܘܢ
ܘܐܬܠܟܬܟ ܐܢܬ

ܘܒܟ̈ܝܘܗܝ ܐܢܬ ܠܟܘܟܦܘܗܝ ܐܢܬ
16 ܐܢܬ ܐܬܟܟܠܟ ܡܟܒ̈ܣܘܗܝ
ܘܟܟܒ ܕܒ̈ܟܝ ܗ ܠܟ ܟܠܟܟ ܠܗܘܢ

ܕܒܟܝ ܟܠܟܟ ܡܟ ܟܒܥܐ ܝܠܝ ܗ ܠܟ ܕ̈ܐܘܟܝ ܡܢ
17 ܘܐܟܒ̈ܟܝܘܗܝ ܟܠܘܢ ܘܠܐ ܒܟܟ ܐܠܐ ܟܘܢ ܗܘܐ
18 ܗ ܠܟ ܟܠܝ ܟܒܝ ܐܬܟ ܟܠܘܢ ܐܝܟ ܗ ܟܘܪܘ ܕܡ̈ܚܒܒܟܝ
19 ܘܗܘ ܕܡܟܒ̈ܣܝ ܠܟܠܟ ܘܟܦܘܠ ܟܟܬ
ܐܗ ܟܠܟ ܕܠܐ ܟܘܦܠܟܝ ܠܗܘܢ

ܐܢܐ ܐܪܝܡ ܠܘܬܗ ܟܠܐ ܐܬܐ ܕܡܪܝܐ ܘܒܙܕܩܘܬܐ 20

ܘܐܠܦ ܐܢܘܢ ܨܠܘܬܗ

ܨܒܝܢܝ ܡܢܗ ܠܟ ܬܐܪܬܢ ܒܫܡ

ܘܐܝܟ ܕܠܐ ܡܫܟܚܢܘܢ̈ ܗ. ܡܟܣ̈ܘ, 21

ܘܠܐ ܢܬܗܘܐܢ ܡܢ ܣܒܪ

ܡ ܠܟܕ ܫܡܥܘܢ ܗܘ

ܚܒ ܘܐܦܩܘ 22

ܘܗܘܘ ܝܫܘܬܝ ܡܗܝܡܢܝ ܐ

ܘܒܬܢ̈ܢ ܟܣܝܒܝ

ܘܗܡ ܢܛܝܠܝ ܒܗ ܡܕ ܕܐܝ

ܘܦܩܝ ܗܘ ܩܘܡ ܕܐܘܩܝܪ

ܘܗ. ܠܐ ܡܫܟܚܬ ܐܬܗܟܬܘܢ 23

ܘܬܠܝ ܐܗܘܢ ܟܠܝ̈

ܠܫܡ ܕܐܘܩܘܪ

ܗܠܠܘܝܐ

ܘܫܒܚܬܐ ܕܬܫܥ

ܦܬܚ ܐܢ.ܫܘܩܘ ܘܬܠܠ ܠܟ 1

ܕ(ܘ)ܠܝ ܒܩܒܠ ܕܐ ܐܢܐ ܗܐ ܐܠ ܠܟ ܒܦܣ 2

ܦܬܚܘ ܐܕܢܝ̈ ܟ ܘܬܫܡܥܘܢ, 3

ܣܒܘܬ ܡ ܐܝܬܝܗ̇ ܟܠ ܕܐܝܟ ܡܫܝܚܐ 4

ܒܝܫܟܝ ܓܝܢ ܕܐܝ ܟ ܢܫܘܩܝ ܐܗܘܢ

ܘܐܬܗܝܬ ܣܢ̈ܝ ܕ. ܠܚܠܡ

ܘܗ. ܠܐ ܡܫܟܚ ܐܢܘܢܐ, ܐܣܝܒܩܘܢ

ܚܠܛ ܒܩ ܐܡܠܐ ܐܘܐ 5

ܘܗܘܠ ܐܬܗܟܘܬ ܡ ܝܫܟ ܢܒ

ܐܬܟܝܒܠ ܩܒܐܦܘܪܝ ܐܬܩܒܘ

ܚܣܒ ܐܢܐ ܓܝܢ ܠܟ ܐܠܐ ܠܚܡ ܠܣ̈ܡܘܢ, 6

ܕܚܠܛ ܐܡܠܝ ܕܒܝܚܣ ܠܐ ܢܦܠܘ ܩܣܝܢܐ

ܘܚܠܝ ܦܩ ܕ.ܒܝܚܡ, ܠܐ ܢܒܣܐܘܢ 7

ܘܘܝܡ ܕ.ܠܒܝ̈ ܢܒܣܦܝ̈ ܠܐ ܢܫܬ

ܚܠܬܐ ܕܠܚܠܡ ܐܪ̈ܝܐ ܐܬܘܗܝ,　8

ܘܐܣܝܒ ܒܪ ܠܐ ܚܒܫܝ ܕ ܠܒܝܐ ܠܘܡܣܐ

ܟܐܦ ܣܝܝܕ ܗܝܪܬܐ　9

ܘܩܝܣܐ ܪܝ ܘܓܐ ܚܠܬܐ ܗܘܐ

ܘܚܒܫܗ ܕܪ̄ ܚܒܣܐܘ ܐܚܒ ܐ ܚܬܗ　10

ܘܝܗ ܚܠܬܐ ܒܝܣܡܘ ܪ̈ܒܝ ܪܝܪܐ ܕܪܗܝ ܪ　11

ܘܐܣܗ ܚܒܝܠ ܗܝܕ ܠܚܒܬܘܠ ܚܒܚܡ

ܚܒܚܡܠ ܪܝ ܚܝ ܐܚܬܗ ܡ, ܕܠܚܡ　12

ܚܒ ܚܘܐ ܠܚܡ ܡܚܒܝܐ

ܘܚܒܝ ܕܐܬܚܒܝ ܪܒܚܡ

ܗܠܠܐ ܪ

ܗܝ ܚܒܚܒ ܗܝ ܒܪ ܪ ܚܒܚܬܗ　1

ܘܩܒܘ ܠܟܝ ܚܒܬܘ ܡܝܘܒܝ

ܘܚܒܝܪܬܐ ܒܪ ܣܝܝܬ, ܗܒܘܝ ܐܠ ܚܒܐܬ　2

ܘܚܒ ܠܝ ܕܚܒܠܠܐ ܘܐܝܪ̈ܐ ܕ ܚܒܠܬ

ܘܚܒ ܠ ܚܒܚܣܒܐ ܕܪ ܚܒܠܝ ܐܝܚܬܒ ܚܒܐܪܬܐ ܗܝܚܒ ܠܚܬܪ ܚܒܠ ܐ ܚܒ ܐܠ ܚܒܐܬ ܠܚܒ　3

ܘܚܒ ܚܒܐܪ̈ܚ ܚܒܠ ܪܚܒ ܐ ܚܒ ܪ ܚܒ ܐ ܚ ܐ ܚ ܘ ܚ ܐ ܚ

ܐ ܚ ܒ ܐܬ ܚ ܒ ܚ ܒ ܬ ܚ ܒ ܐ ܬ ܚ ܒ ܚ ܠ ܚ ܠ ܚ ܒ ܠ　4

ܣܐ ܚ ܠ ܚ ܚ ܒ ܚ ܘ ܪ ܚ ܚ ܒ ܡ ܚ ܘ ܚ ܚ ܘ ܒ ܚ ܠ ܚ ܒ ܐ ܚ ܒ

ܘܐ ܚ ܬ ܚ ܘ ܪ ܚ ܣ ܐ ܚ ܒ ܠ ܚ ܒ ܚ ܣ ܒ ܐ ܪ ܚ ܒ ܡ ܗ ܐ ܡ　5

ܘ ܐ ܠ ܐ ܚ ܐ ܬ ܪ ܚ ܐ ܬ ܐ ܠ ܐ ܚ ܪ ܐ ܚ ܣ ܬ ܒ ܪ

ܚ ܠ ܐ ܚ ܪ ܐ ܗ ܐ ܪ ܐ ܠ ܪ ܚ ܒ ܬ ܐ ܪ ܘ ܐ

ܘ ܐ ܬ ܚ ܒ ܐ ܬ ܚ ܒ ܣ ܦ ܬ ܚ ܒ ܚ ܒ ܬ ܐ ܪ ܘ ܒ ܐ ܬ ܪ ܐ ܡ ܘ ܝ ܐ ܪ ܚ ܒ ܠ ܚ ܒ ܐ ܬ ܠ ܚ ܒ　6

ܘ ܚ ܒ ܐ ܪ ܬ ܐ ܚ ܣ ܬ ܪ ܡ ܚ ܠ ܗ

ܘ ܗ ܘ ܐ ܚ ܒ ܪ ܚ ܒ ܠ ܚ ܒ ܠ ܚ ܒ

ܗ ܠ ܠ ܐ ܪ

ܐܘܕܝܬܗ ܕܫܠܝܡܘܢ

1 ܐܬܓܙܪ ܠܒܝ

ܘܐܬܚܠܝ ܗܒܒܗ

ܘܪܒܐ ܒܗ ܚܝܐ

ܘܐܦܪܝ ܦܐܪܐ ܠܡܪܝܐ

2 ܡܛܠ ܕܦܪܥܢܝ ܠܥܠ ܪܡܐ ܫܪܢܝ ܒܚܝܠ

ܘܐܠܘ ܓܠܐ ܗܘܬ ܚܝܠܝ,

ܘܣܥܡ ܡܢ ܫܘܒܚܗ

3 ܘܗܒܠܝ ܕܐܫܬܐ ܠܓܠܝ ܗܕ ܠܦܪܘܣܐ

ܘܪܘܝ ܡܢ ܡܝܐ ܚܝ ܒܪ ܥܠܡ ܕܠܐ ܡܝܬ

4 ܡܢ ܪܘܝܝ ܗܘܝ ܠܐ ܣܪܝܩܐ ܐܦ ܠܐ ܣܟܠ

5 ܘܐܫܬܘܝܬ ܠܗ ܕܐܣܒ ܒܪܘܝܐ

ܘܐܫܠܚܬܗ ܗܘ ܐܚܐ ܠܚܫܟܘܟܝ

6 ܘܠܒܫܬ ܠܠܐ ܪܒܐ ܦܠܘܚܘܬܐ,

ܘܡܢ ܪܘܚܗ ܕܠܐ ܚܣܪܐ ܐܫܩܝܢܝ

ܘܐܫܬܕܘ ܩܘܝܡܐ ܡܢ ܪܝܫܝ ܢܘܢܐ ܕܠܐ ܢܬܝܗܒ ܠܝ   7

ܘܩܘܝܡ, ܐܘܚܠܬ ܠܐ ܗܘܐ ܕܠܐ ܣܝܡܬܐ   8
ܐܠܐ ܫܡܬ ܒܗ ܛܝܒܘܬܐ

ܘܐܬܕܠܚܬ ܠܗܠ ܒܪ ܡܢ ܐܝܕ, ܐܠܡܝܐ   9
ܘܕܘܒܪܐ ܕܡܬܗܘܡܝܗ

ܘܪܫܒܚܬ ܠܛܝܒܘܬܗ ܫܒܝܥ ܠܥ ܐܢܝܐ   10
ܘܫܒܝܘܗܝ ܘܪܙܐ ܡܝܘܗܝ ܡܕܝ

ܘܪܒܐ ܝ ܫܪܝܗ ܝܬܪܝܢ ܠܒܫܘܗܝ   11
ܘܒܝܚܘܩ ܡܝܩܘܗܝ

ܡܢ ܠܥܠ ܐܝܣܪܝ ܕܠܐ ܫܠܗ   12
ܘܗܘܐ ܠܝ ܐܝܟ ܐܪܥܐ ܕܒܝܬܗ ܘܩܘܝܐ ܪܝܐܝܗ

ܘܪܒܐ ܝ ܐܝܟ ܫܒܝܐ ܠܥ ܐܣܪ ܕܡܝܗܪ ܕܐܪܝ   13
ܚܢܘܚܪ ܐܝܒܪ   14

ܘܢܩܝܦܘ ܡܕܝ ܐܠܐ   15
ܘܐܬܬܟܬܒܬ ܣܝܬܝ, ܒܪ ܗܘ ܘܒܝ ܡܪܝܐ ܪܥܐܝ   15

ܘܐܟܪܙܬ ܠܦܪܝܩܘܗܝ ܣܒܪܐ܂   16

ܐܪܥܐ ܕܬܗܘܡ ܕܗܘܡܐ ܒܕܡܐ ܕܐܝܠܝܢ ܕܐܟ

ܘܐܫܩܠܬ ܒܗܘܢ ܠܥܠ ܡܢ ܐܝܕܝ ܠܬܚܬܘܬܗ   17

ܘܐܫܩܠ ܕܒܕܡܗܘܢ ܗܟ ܥܠ ܠܥܠܡ ܕܐܒܪܗ ܐܝܪܐܟ   18

ܘܗܡܐ ܕܐܪܝܬ ܠܗܘܢ ܐܬܪܐ ܒܦܪܕܝܣܗ܂

ܘ ܐܢܐ ܐܬܚܘܝܬ ܩܕܡ ܩܘܝܠܝܢ   19

ܘܐܬܝܠܝ ܒܫܘܒܚܐ ܠܪܒܗܐ

ܡܢ ܥܠܡܐ ܘܦܠܚܘ ܠܝ ܐܝܪܐܝ   20

ܘܒܚܕܝܐ ܒܚܕܐܬ ܐܬܩܠܝܬ

21 ܘܡܫܘܚܬܐ ܡܢ ܚܝܠܐ ܠܬܚܬܝܬܐ ܕܐܪܥܐ܂

ܘܐܫܦܘܗܝ ܕܐܪܝܐ ܕܐܢ̈ܠܝܐ ܒܝܘܡܗܘܢ

ܡܢ ܕܐܝܬܝܗܘܢ ܒܕܡܘܬܐ ܕܐܪܥܐ܂

22 ܘܗܘܐ ܐܪܥܐ ܨܝܕ ܦܪܕܝܣܐ ܐܝܟ ܕܐܪܥܐ܂

ܘܪܒܘܬܐ ܗܝ ܕܡܠܟܐ ܕܟܬ݁ܝܒ ܠܝ ܚܕܘܬܐ ܡܬܒܢ̈ܝܐ܂

23 ܘܡܢܗ ܕܦܘܚܐ ܐܝܠܝܢ ܕܒܗ ܚܝ ܡܢ ܚܕܐ܂

ܘܒܕܡܘܬ ܚܒܪܘܬܐ ܡܢ ܠܓܘ܂

ܐܠܐ ܟܠܗܘܢ ܒܕܡܘܬܐ ܕܐܪܥܐ܂

24 ܫܒܚ ܠܝ ܐܠܗܐ

ܘܡܣܒܐ ܕܦܪܝܣܐ ܕܦܪܕܝܣܐ ܠܟܠܗܘܢ܂

ܗܠܠ ܝܗ܂

1   ܡܠܐܢܝ ܡܪܝܐ ܒܡܡܠܠܐ ܕܩܘܫܬܐ   ܡܛܠ ܕܐܡܠܠ ܗܘ

2   ܡܛܠ ܕܕܡܝܐ ܕܟܐܐ   ܘܕܗܒܐ ܚܘܪܐ ܡܢ ܦܘܡܝ

3   ܦܘܡܗ ܗܘ ܟܝ ܚܒܒ
       ܡܛܠ ܕܣܓܝܐܐ ܗܝ ܐܠܐ
       ܩܘܫܬܐ ܗܘ ܫܪܝܪܐ
       ܘܡܕܥܐ ܕܦܘܡܗ

4   ܘܡܠܬܗ ܗܝ ܡܐܐ ܠܚܟܡܬܐ
      ܘܠܐ ܣܟܐ ܕܐܝܟܢܐ ܗܘ ܕܐܝܬܘܗܝ
      ܘܐܝܟ ܕܐܝܬܘܗܝ ܗܟܢܐ ܐܬܝܕܥ
      ܘܗܟܢܐ ܢܚܬ ܗܘܐ ܘܐܬܝܠܕ
      ܘܐܝܟ ܕܐܝܬܘܗܝ ܗܟܢܐ
      ܘܐܬܩܒܠ ܗܝ ܒܙܒܢܐ

5   ܐܠܦܠܘܬܗ ܕܡܠܬܐ ܠܐ ܩܡ ܠܗ ܐܡܪܐ ܐܠܐ ܡܢ
    ܐܝܟ ܕܡܚܘܐ ܗܘ ܪܗܛܐ ܕܐܠܦܠܘܬܗ ܘܡܠܦܢܘܬܗ
      ܕܐܠܐ ܗܘ ܫܡܥܐ ܐܠܦܠܘܬܗ

6   ܘܠܐ ܬܘܒܕܘ ܐܠܐ ܒܐܡܪܐ ܗܘ ܦܩܕ
      ܘܠܐ ܐܡܬܐ ܕܝܕܥܐ ܐܠܦ ܐܝܟܘ

7   ܐܝܟ ܓܝܪ ܡܬܚܝܠ ܗܘ ܡܪܐ ܠܡܡܠܠܘ
     ܘܒܡܠܬܐ ܓܝܪ ܩܡ ܡܘܕܥ ܕܐܠܦܠܘܬܐ ܐܝܟ ܐܝܬܘܗܝ

8   ܘܠܚܟܡܬܐ ܡܢ ܫܠܡܬܐ ܕܝ ܠܘܬ
     ܘܗܘܘ ܡܢ ܐܝܟܐ ܕܝܕܥܝܢ ܗܘ ܡܢ ܗܘܘ

9   ܘܡܫܒܚ ܗܘܐ ܘܐܝܪܬ ܕܘܒܐ ܘܡܒܪܐ
   ܕܐܡܠ ܗܘܐ ܡܢ ܝܘܬ ܕܪܒ ܝܗ ܠܟ ܗܘ ܐܡܪܐ ܠܗܘܢ

10   ܘܐܝܕܘܒܬܗ ܡܢ ܦܘܡܗ
   ܘܒܣܒ ܘܒܒ ܝܗ ܡܢ ܝܐ ܠܦܘ ܥܕܒܐ ܗܘܘ ܒܪܘܬܐ

11   ܡܛܠ ܕܡܠܬܗ ܠܗܘܢ ܩܡ ܥܕܡܐ ܠܘܬ ܐܠܗܐ
      ܘܒܪܘܝܐ ܟܝ ܕܒܡܠܬܗ ܐܬܒܪܝܘ

12   ܘܒܡܠܬܐ ܓܝܪ ܐܬܕܥܬܗ ܕܐܡܪ ܡܢ ܐܝܬܘܗܝ ܗܘ
      ܕܒܪܝܗܝ ܕܚܝܐ ܗܘ

13   ܕܕܝܢ ܠܗ ܥܠ ܕܐܬܒܪܝܘ ܒܗ ܕܡܢ ܥܠܝܟ ܠܗܘܢ ܛܘܒܝܗܘܢ
       ܘܒܣܒ ܐܠܝܗ ܐܝܢ ܒܪܘܝܐ
       ܗܠܠܘ

ܘܐܝܢܐ ܕܬܐܠܦܘܢ ܐܦ ܥܘܒܪܐ

1   ܗܘ ܕܐ ܚܙܝ ܠܟܘܢ ܗ ܡܗ .

ܡ ܚܝ ܐܢܐ ܘܩܘ ܚܕܟܝ ܘܐܦܟ

2   ܘܩܒܠܘ ܐܢܚܢܐ ܚܟܡܬܐ ܕܐܠܗܐ ܒܛܝܒܘܬܗ

ܘܗܠܠܘܝܐ ܒܣܡܗ ܪܒܐ ܘܩܕܝܫܐ

3   ܘܫܒܚ ܘ{ܥܡ} {ܫܠܡܬܐ} (ܫܠܡܬܐ) ܡܢ ܩܕܡܐ

ܘܗܠܠܘܝܐ ܘܩܕܡ ܥܠܡܐ ܘܗܘ ܒܣܡܐ{ܐ}ܝܬ

4   ܘܐܡܝܢ ܕܠܐ ܫܘܠܡ ܢܥܠ ܘܐܡܝܢ ܠܥܠܡ

(ܗܠܠܘ)

_____

ܘܐܝܢܐ ܕܐܪܒܥܬܥܣܪܐ

1   ܐܝܟ ܥܝܢܝܟ ܗܟܢ ܐܢܐ ܠܘܬܟ ܡܪܝܐ܆

ܕܢܚܐ ܚܬܝܪܐ ܗܘܐ ܘܐܢܐ ܫܘܠܡܬܐ ܠܟ ܐܠܦܬܢܝ

2   ܟܠܟ ܕܠܘܬܟ ܐܢܐ ܚܕ ܗܝ܆ ܒܣܡ

3   ܠܐ ܡܛܠ ܐܝܟ ܣܘܓܐܐ ܚܕܝܢܝ ܗܘ ܐܢܐ

ܘܠܐ ܒܗܬ ܡܢܟ ܘܕܣܡܝܬ

4   ܡܛܠ ܕܠܘ ܗܢܐ ܆ ܫܘܠܡܬܐ ܫܒܚܬܢܝ

ܘܚܕܝܬܟ ܐܢܐ ܗܘ ܆ ܠܘ ܚܕܪ ܐܠܝܬܐ ܟܠ ܚܝܝܢ

5   ܐܦܠܐ ܒܣܡ ܡܟܡܢܝ ܟܠܝܠܐ ܫܒܚܬܝܢ ܘܐܝܟܢܘܬܟ

ܟܠܟ ܒܣܡ ܐܦܠܝܬ ܡܢ ܒܒܐ ·

6   ܘܣܝܡܢܝ ܗܘ ܪܒ ܐܢܐ ܣܘܒܟܠܬ ܠܘܬܟ܆

ܒܣܡܗ܆ ܪܘܚܟ ܘܣܒܐܝܟܡ

7   ܐܠܦܢܝ ܘܫܘܚܬܐ ܕܬܪܝܢ ܐܝܟܢܝ

ܕܬܚܒܪ ܡܢ ܦܐܪܐ

8   ܘܫܘܚ ܕܘܝܢ ܡܢ ܕܢܘܚܝ ܟܘ ܦܠ ܠܘ

ܕܚܕ ܡܝܢ ܐܫܥܒܕ ܗܘ ܐ

ܘܐܝܟ ܚܠܦܐ ܗܕܡ ܪܘܪܒܝܢ ܕܠܫܘܢܝ ܐܝܟܢܐ ܘܐܝܟ   9
ܠܐܠܗܐ ܕܚܠܦܝ ܐܝܕܥ ܒܗܘܢ

ܘܐܝܟ ܕܚܠܝܢ ܣܦܘܬܝ ܥܠ ܐܝܟ ܗܘ ܗܘ ܕܝܠܟ   10
ܗܠܠܘܝܐ

_____

(ܐܘܢܝܬܐ) ܕܚܡܫܥܣܪܐ

ܗܘ ܐܝܟ ܕܚܡܫܐ ܠܝ ܕܫܡܫܐ ܗܘ   1
ܘܡܗܘܡ ܚܫܒܝ ܠܝܠܠܐ
ܗܘ ܠܝ ܐܝܟ ܗܘ ܕܫܡܫܐ

ܘܡܚܣܝ ܗܘܘ ܠܬܓܠܝ   2
ܘܚܫܘܟܐ ܐܡܥܡܐܝ
ܘܩܒܠܬ ܡܢ ܦܪܨܘܦܐ ܕܡܪܝܐ ܚܝܐ ܘܢܘܗܪܐ

ܘܗܘܝܬ ܠܗ ܒܢܝܐ   3
ܘܪܘܚܗ ܩܕܝܫܐ ܚܪ ܒܝ

ܘܗܘ ܠܝ ܐܝܟ ܗܘ   4
ܘܫܪܟܬ ܠܥܠܡ ܡܪܝܐ

ܘܐܬܬ ܠܝ ܡܚܫܘܠܐ ܕܡܘܬܐ ܗܘܘ   5
ܘܐܦܩܬܢܝ ܒܝܕ ܚܝܠܗ

ܘܐܪܡܝܬ ܕܗܠܟܘܬܐ ܕܫܟܬ   6
ܘܐܝܠܬ ܠܗܘܢ
ܘܐܡܘܬ ܠܐ ܗܘܐ ܒܝ ܘܩܪܝܒ ܗܘܬ ܘܣܡܟܢ

ܘܐܝܟ ܠܝ ܒܗ ܗܗܘܒܬܗ ܐܝܟ   7
ܘܐܝܟ ܠܝ ܒܕܗ ܐܬܟܒ ܗܘܬ ܚܝܐ ܐܝܟ

ܡܚܡ ܫܪ ܒܬܠ ܐܠܟ ܠܟܠ ܠܚܕܠ   8
ܘܒܝܢܬܗ ܐܠܟܠ ܠܣܟܬ ܗܡܬܗ

ܘܩܘܦܝܦ ܡܕܡ ܡܢ ܠܬܫܕܬܐ ܗܘܬ   9
ܘܐܝܟ ܐܬܦܠܠܠܐ ܠܘܐܝ

ܘܬܗܘܐ ܠܐ ܕܗ ܢܬܝ ܐܝܟܐ ܕܗܝܪܒ ܟܘܩ ܘܩܠܒ   10
ܘܐܬܟ ܒܟܘ ܐܦܝܪܡܐܘܝ
ܘܐܬܟܝ ܠܐ ܢܚܘܡܐ ܗܪܘܢ ܐ
ܠܟܠܘܝ ܡܠܥ ܕܠܝܣ ܘܡܘ ܚܠܒ
ܗܠܠܘܝܐ

1	ܐܝܟ ܕܥܒܕܐ ܕܐܟܪܐ ܗܘ ܦܕܢܐ ܣܟܪܐ ܗܝ,
	ܘܥܒܕܗ ܕܩܘܒܪܢܝܛܐ ܗܘ ܡܕܒܪܢܘܬܐ ܕܐܠܦܐ,
	ܗܟܢܐ ܐܦ ܥܒܕܝ ܗܘ, ܬܫܒܘܚܬܐ ܕܡܪܝܐ ܗܘ ܒܬܫܒܚܬܗ
2	ܘܐܘܡܢܘܬܝ, ܦܘܠܚܢܝ ܒܬܫܒܚܬܗ ܐܝܟ
	ܡܛܠ ܕܚܝܠܗ ܡܥܕܪ ܠܝ ܠܚܝܝ
	ܘܬܫܒܚܬܐ ܠܩܘܒܠܗ, ܘܗܘ ܗܘܐ ܠܝ ܪܗܛܐ,
3	ܣܒܪܝ ܡܢ ܐܝܟܐ ܐܝܬ ܗܘ
	ܘܬܫܒܘܚܬܐ ܐܝܟܪܗ ܠܗ
4	ܒܚܝܠܗ ܡܫܒܚ ܐܢܐ ܠܗ ܒܬܫܒܚܬܗ
	ܘܡܫܒܚ ܐܢܐ ܠܗ ܒܝܘܡܐ ܗܘ
5	ܣܒܪܝ ܦܘܡܝ
	ܘܙܡܪ ܥܢܝ ܠܠܒܗ
	ܬܫܒܚܬܗ ܐܝܟ ܒܟ ܐ ܘܐܒܘܗܝ
6	ܚܬܐ ܐܪܥܗ ܕܦܝܪ̈ܝܗܘܢ, ܘܩܘܝܡܗ ܕܝܒ̈ܥܬܗ
7	ܘܗܘ ܐܥܐܝ ܕܐܝ̈ܠܢܘܗܝ, ܘܩܘܝܡܗ ܕܐܝܠܢ̈ܝܗܘܢ
8	ܡܛܠܗ ܐܝܟ ܒܟ ܐ ܗܘ ܐܝܟ ܐܝܟܢܐ
	ܒܝܕ ܪ ܐܠܐ ܬܚܠܘ
	ܘܕܝܠܗ ܗܘܘ ܬܫܒܚܬܗ
9	ܘܕܝܠܗ ܐܝܟ ܐ ܟܘܠܗ ܒܪܝܬܐ, ܘܕܝܠܗ
	ܘܗܘ ܐ ܐܡܪ ܗܘܐ ܘܗܘ ܬܫܒܚܬܗ
10	ܗܘ ܡܠܠ ܠܠܘܬ, ܘܐܝܪܐ
	ܘܐܬܩܘܝܡ ܡܢܗ ܒܝܘܡ ܗܘܬܗ
11	ܥܒܕ ܦܘܡܐ ܫܡܫ̈ܐ
	ܘܐܦ ܦܘܡܗ ܠܒܒܐ
12	ܘܐܦ ܦܘܡܗ ܠܕܚܠܬܐ ܘܠܗܘܪ̈ܡܫܝܢ
	ܘܐܬܦܛܝ ܗܘ ܡܢ ܒܝܬ ܕܝܒ̈ܥܬܗ,
13	ܒܟܗ ܘܐܬܒܝܢܘ ܬܐܟ̈ܘܗܝ ܒܡܛܝ ܪܝ
	ܘܒܚ̈ܬܐ ܕܪܗܛܘ ܒܟܝ
	ܐܦ ܟܠ ܪܚܝܩ ܠܚܡܘ ܘܠܒܚܟܠܗ
14	ܘܐܝ̈ܩܘܗ̈ܬܐ ܕܬܫܒܚܬ̈ܗ ܒܚܠܬܗ ܘܬܫܒܚܬܗ
15	ܘܐܬܚܘ ܕܥܒܕܗ ܪ ܘܡܝ ܗܘ ܫܒܚ ܗܘ
	ܘܡܫܒܚܐ ܕܫܒܚ ܠܟܠܗ ܗܘ

ܚܕ ܕ ܝ ܐܫܪ ܐܠܦܐܠ ܕܗܡܘܐ ܗܡܘ ܠ 16

ܡܗܕ ܝ ܕܬܐ ܠܠܥ ܠܟ ܐܥܡܠ ܠܥܡܕ ܝ ܕܬܗ ܕܐܪ

ܘܡܘܠܒܐܡܘ ܗܕ ܡ ܗܝ ܚ 17

ܠܚܛܡ ܕܐܠܐܪ ܝܠܚܛ ܡ ܠ

ܘܠܚ ܕܐܟܗ ܕ ܗܠܐܝ ܡ ܗܝ ܗܕ 18

ܕܠܝ ܗܡܐ ܐ ܠܝܗܡܐ, ܗܡ ܐ

ܡ ܡܛܡ ܝܠܕ ܠܥܡܐ

ܐܗܡ ܗܡܠܟܒ ܠܟܠܒܘ 19

ܡܗܕ ܝ ܗܠܥܘܝܫܥܬܐ

ܡܕܘܠ ܝܐ ܡܝܐܘ ܗܠܒܐܘܣܕܬ 20

ܟ ܐܠܠܥܡ

ܐܘܕܝ ܝ ܬ ܬ ܕܠܦܥܒܡܝܐ

ܐ ܐܠܦ ܠܠܬܐ ܝ ܥ ܒ ܐܟܡ, 1

ܐܡܗ ܢܒ ܝ ܠܝܠܚܘ

ܐܪܕܕ ܗܡ ܕ ܝ ܘܐ 2

ܡܗ ܝ ܒ ܥ ܝ ܠܟ ܠܐ ܕܗ ܝ ܕܝܡܘ ܝ ܘܦܘ

ܐܪܬܝ ܗܡ ܠܝ ܠ ܕ ܝ ܪܘܬ 3

ܘܠܐ ܪܟܝ, ܐܪܟ ܡܘܣܟܐ

ܝܠܝܣ ܗܟܘܠܦܘܡܘܐ ܐܪܡܢ ܠ ܩ ܕ ܝ ܡ 4

ܪܥ ܐܠܥܡܒ ܐܬܡܐܕ ܗܓܝܘܩܕ ܗܝ ܚ ܕ ܘܪܡܐ ܝ ܒܫܘܠ

ܗܠܠܚ ܡ ܡ ܐܪܬܐܘܝ ܗܠܥ ܝ ܒܫܕ

ܘܠܫ ܚܝ ܕ ܝ ܐܪ ܝ ܝ ܕ ܠܝ ܕ ܗܠܚ ܕܝ 5

ܠܥ ܝ ܠܐ ܕ ܟ ܠܐ ܡܪܝ ܒ ܕ ܠܝ ܘ ܐ

ܕܟ ܝ ܕ ܘܐܘ ܚ ܘ ܝ ܠ ܠ ܕ 6

ܠܗܡ ܝ ܗܠ ܚ ܬ ܐ ܪ ܝ ܐ ܡ ܘ ܪ ܟ ܝ ܐ ܘ

ܐ ܡ ܗ ܕ ܗ ܝ ܡ ܗ ܝ ܕ ܐܗܡ ܐ ܒ ܗ ܕ ܘ ܪ ܝ ܠ ܝ 7

ܡ ܝ ܚ ܟ ܒ ܐ ܒ ܫ ܠ ܚ ܬ ܘ ܗ ܟ ܝ ܒ ܥ ܫ

ܡ ܗ ܠ ܝ ܚ ܘ ܟ ܘ ܒ ܚ ܝ ܠ ܚ ܝ ܣ ܥ ܘ

ܘ ܐ ܪ ܝ ܒ ܝ ܕ ܝ ܒ ܝ ܕ ܪ ܝ ܐ ܪ ܝ ܡ ܐ ܘ ܐ ܠ ܠ ܘ

ܡܢ ܟܠ ܠܘܬ ܡܪܝܐ ܐܘܬܒ ܡܢ ܕܠܡܛܗܘܢ **8**

ܘܗܘܘ ܠܝ ܚܫܝܒܐ ܕܐܝܬܝܗܘܢ ܗܘܘ

ܘܣܓܕܬ ܠܗ ܡܛܠ ܫܘܒܚܗ ܕܠܐ **9**

ܘܗܠܟܬ ܒܗ ܕܒܝܕܗ ܦܪܩܢܝ

ܘܗܘܝܬ ܒܢܝܚܐ

ܘܠܐ ܛܥܝܬ ܒܗ ܠܟ ܕܐ ܡܛܠܬܝ **10**

ܐܠܐ ܕܗܘܬ ܕܒܝܕܝ ܐܘܪܚܐ ܪܘܝܚܬܐ ܗܘܝܬ

ܘܐܝܕܐ ܡܛܠ ܗܘܬ ܠܟܠܗܘܢ ܐܣܝܬܗܘܢ **11**

ܠܘܬܗ ܐܢܝܢ

ܕܠܐ ܐܬܟܪܗ ܐܢܫ ܒܗ

ܚܕ ܐܡܪܘ ܘܢܣܒܪܘ

ܘܣܡܬ ܒܗܘܢ ܕܠܐ ܢܣܒ **12**

ܘܣܒܘܗܝ ܕܚܝܐ ܒܝܕܝ

ܘܐܘܪܚܐ ܠܟܠܗܘܢ ܕܐܝܪܐ **13**

ܘܒܝܕܝ ܐܢܝܢ ܟܪ

ܘܣܡܬ ܒܗܘܢ ܕܒܝܕ ܚܘܒܝ **14**

ܘܗܝܒܘܬܐ ܠܟܠ ܚܙܝܬܗܘܢ

ܐܠܠܝܗ ܕܗܘܘ ܠܟ ܡܬܐ ܕܠܐ ܢܫܝܘܗܝ **15**

ܗܠܠܘܝܐ

ܘܬܫܒܘܚܬܐ ܠܟ ܐܒܐ ܕܐ ܪܝܫ ܡܚܝܢܐ **16**

ܗܠܠܘܝܐ

ܬܫܒܘܚܬܐ ܕܫܠܝܡܘܢ

ܐܬܪܝܡ ܠܒܝ ܒܚܘܒܗ ܕܡܪܝܐ ܘܐܬܬܪܝܡܬ **1**

ܕܐܪܚܡܘܗܝ ܒܟ ܫܪܪܐ

ܐܬܚܝܠܬ ܡܗܝ **2**

ܐܝܟ ܕܠܐ ܢܦܠܘܢ ܡܢ ܚܝܠܗ

3 ܐܙܝܥ ܡܢ ܐܬܚܝܠܘ ܚܝܠܝ̈ܐ ܡܢܝ

ܘܐܬܒܪܟܘ ܘܐܝܬܝܗܘܢ ܥܡܝ

ܘܐܢܐ ܐܝܬܝ ܗ ܘܐܠܗܬܗ

4 ܣܡܘܟܝ ܗܘܝܬ ܥܠܝܠ ܐܠܗܐ ܕܡܪܝܐ

ܘܦܪܩܬ ܪܚܡ ܐܬܕ

5 ܘܗܘܢ ܡܨܬ ܠܟܠ ܣܡܘܟܐ

ܬܘܠܡܝܥ ܪܚܡ ܐܠܗܐ

6 ܐܫܥܐ ܡܢ ܡܢܝ ܢܝܚܝ ܠܘ ܠܐ

ܘܐܠܗ ܡܢܬܢ ܪܫܝܪ ܡܢ ܕܝܠܗܪ

7 ܒܝܠܚܬ ܟܦܘ ܩܦܘ ܩܦܘ ܠܒܬܘܠ

ܝܪܐ ܠܕ ܡܢ ܬܕܡܗ

8 ܪܫܝܪ ܬܬܚܬܬܗ ܠܟܠ {ܠܝ} ܪܦܘܠܘ

ܐܝܬ ܐܠܝ,

9 ܕܝܠܬܗ ܠܬ ܒܝܥ ܕܐܠܗ ܠܒܠ ܪܫܡܘ

ܐܠܐ ܗܘ ܐܫܒܬ, ܐܘܬܘܡܗ, ܒܝܠܚܝ

ܘܒܣܡܘ ܠܐ ܒܝ ܕ ܒܬ ܐܝܬ

10 ܘܠܐ ܒ ܒܬ ܐܝܬ ܠܒܝܪܫܬܗ

ܥܠ ܕܝܠܬܗ ܐܠܗܐ, ܗ ܒ ܒ

11 ܘܐܬܚܠܬ ܒܝ ܐܝܬ ܢܝܪ ܠܐ ܢܘܪ ܪܫܡܬܗ

ܪܝܟ ܢܘܪ ܘܪ ܥܡܬܗ ܕ ܒܝ

12 ܘܣܒܘ ܣܝܒܘܪ ܚܠܬ ܪܫܝ̈ܐ ܕܪ ܐܒܘ ܗ,

ܘܬܠܐ ܐܒ ܩܦܘ ܢܝܪ ܕܪܬܬܗ ܬܚܠܬܗ ܘܬܘܪܬܗ

13 ܘܒܥܘܟ ܪܬ ܥܠܝܟ ܕ ܒܬܝ ܚܝܢ

ܘܐܬܚ ܒܘ ܠܐ ܬܚܠܝܟ ܐܒ ܥܘܒ ܒ ܬܘܡ̈ܬܘܬܗ

14 ܕܝܠܬ ܗ ܘܒ ܕܚܬܝܬܗ ܗܬ ܪܢܝ ܪ ܒܝ

15 ܘܢܣܒ ܠܕ ܥܠܝܟ ܕܒ ܐܠܚ ܒ ܬܘܠܝܬܗ ܪܫܝܪܬܗ

ܩܦ ܢܘ ܝ ܗܝ ܟܠ ܬ ܪܫܝܪ

ܡܢ ܝ ܣܥܘ ܐܬܘ ܝ ܢܘܡ ܒ ܒܝ

16 ܬܚܙܒ ܪܬ ܩܘܒ ܒܥ ܬ ܬܚ ܬܘ ܪܫܝܢ ܢ ܬ ܠܐ ܡ ܪܫܝܒ

ܪ ܥܠܘ ܗ

ܘܢܚܬܘ ܕܬܐܬܘܗܝ

1　　ܗܘܐ ܚܠܒܐ ܡܢ ܐܒܐ ܘܡܢܘ ܠܗ

ܘܐܬܚܠܒ ܗܘܬ ܚܠܒܐ ܡܢ ܡܪܝܐ ܕܒܪܚܡܘܗܝ

2　　ܒܪܐ ܗܘܐ ܐܬܠܘ ܐܬܡܗܝ܆

ܘܗܡܐ ܕܐܬܚܠܒ ܗܘܐ

ܘܡܚܠܒܬܗ ܪܘܚܐ ܩܘܕܫܐ

3　　ܐܬܠܘܗܝ܆ ܐܬܬܗܝ ܕܠܦ

ܕܠܐ ܐܬܪܐ ܗܘܐ ܕܡܢܣܒ ܕܠܬܪܬܝܢ ܐܬܬܘܗܝ ܕܠܗ ܗܝ

4　　ܦܬܚܬ ܚܨܗ ܪܘܚܐ ܩܘܕܫܐ

ܗܘܐ ܚܠܒܐ ܕܬܪܬܝܗܝ ܕܐܒܐ ܡܢ ܒܪܐ܆

5　　ܘܡܙܓܬ ܚܠܒܐ ܡܢ ܬܪܬܝܗܝ ܕܐܒܐ ܚܠܒ ܒܣܡ

ܘܡܢܗܘ ܕܐܬܝܗܒ ܠܥܠܡܐ ܟܕ ܠܐ ܝܕܥܝܢ

6　　ܟܠ ܕܡܩܒܠܝܢ ܒܡܠܝܘܬܗ

ܘܬܪܬܝܗܝ ܒܟܠ ܕܝܠܗ

7　　ܗܘܬ ܗܟܢ ܒܬܘܠܬܐ ܗܘܬ ܒܪ ܡܩܒܠܬܐ ܒܛܢܬ

ܘܝܠܕܬ ܘܗܘܬ ܒܬܘܠܬܐ ܒܪܚܡܐ ܣܓܝܐܐ ܠܗ

8　　ܟܠ ܕܠܗ ܗܘܐ ܡܩܒܠ ܗܘܐ ܒܛܢܬ

9　　ܘܠܐ ܒܟܐܒ ܝܠܕܬ ܒܬܘܠܬܐ ܒܣܝܥܬܐ

10　　ܐܝܟ ܕܝܠ ܕܬܗ ܒܓܒܪܐ ܒܣܝܥܬܐ

ܘܒܬܘܠܬܐ ܐܬܚܝܠܬ

ܘܒܛܢܬ ܘܐܘܠܕ ܕܠܐ ܟܐܒ

11　　ܘܐܝܠܕܬ ܠܓܒܪܐ ܒܨܒܝܢܗ

ܘܐܦܝܠܬ ܘܐܬܝܗܒܬ

ܘܗܘܬ ܕܝܠܗ ܒܪܒܘܬܐ

ܕܐܝܬܘܗܝ

ܐܘܠܝܬܐ ܕܫܡܘܢ ܟ

1 ܐܢܐ ܟܗܢܐ ܕܡܪܝܐ ܐܝܬܝ܂
ܘܠܗ ܡܟܗܢ ܐܢܐ ܐܢܐ

2 ܘܠܗ ܡܩܪܒ ܐܢܐ ܩܘܪܒܢܐ ܕܡܚܫܒܬܗ

3 ܠܐ ܗܘܐ ܓܝܪ ܐܝܟ ܠܡܐ ܗܠܟ܂
ܐܠܐ ܐܝܟ ܓܝܪ ܟܐܢܘܬܗ ܡܪܝܐ

ܐܠܐ ܐܝܟ ܓܝܪ ܡܢ ܢܦܫܗ܂ ܕܡܪܝܐ ܐܝܬ

4 ܘܩܘܪܒܢܝ ܐܝܬܘܗܝ ܠܐ ܡܚܫܒܬܗ܂
ܘܡܚܫܒܬܗ ܕܠܒܐ ܘܡܦܩܬܗ

5 ܡܢ ܓܘ ܚܠܨܘܬܐ ܕܠܐ ܢܦܫܐ ܗܘܬ ܐܘܪܚܬܐ܂
ܘܢܦܫܐ ܠܐ ܗܘܬ ܡܬܟܠܐ ܐܪܐ

6 ܠܐ ܟܐܝܒܐ ܩܢܝܐ ܠܐ ܟ ⟨ܬ⟩ ܗܝܐ ܕܢܐܡܪ܂
ܘܠܐ ܓܝܪ ܡܚܒܠ ܠܟܠܗܝܢ܂
ܘܠܐ ܓܝܪ ܗܘܝ ܠܡܚܫܒܬܐ ܗܘܢ ܕܢܚܘܪܘܢ

7 ܠܒܫ ܕܝ ܡܬܚܫܒܬܗ ܕܡܪܝܐ ܠܐ ܡܚܫ܂
ܘܗܘ ܠܦܪܕܝܣܐ

ܘܚܒܕ ܠܐ ܚܠܨܘܬܐ ܡܢ ܐܠܗܐ

8 ܘܐܣܩ ܠܟ ܓܝܪ ܪܝܫܐ ܘܠܟܗܘܢ
ܘܐܬܚܙܝ ܠܗ ܩܕܡܘܬܗ

9 ܘܗܘܬ ܡܚܫܒܬܟ ܡܬܚܒܬܘܬܗ
ܘܒܬܠܗ ܡܢ ܣܡܡܘ ܡܢ ܡܚܫܒܬܟ
ܘܒܗܝܢ ܟܪܝܗܝܢ ܕܐܬܚܒܪܘܬܐ ܕܢܦܫܐ

10 ܘܐܬܚܒܪ ܐܪܝܐ ܘܪܝܫܐ ܠܡܪܝܐ
ܡܠܠܘ ܠܝ

ܐܘܠܝܬܐ ܕܫܡܘܢ ܟܐ

1 ܐܪܝܡܬ ܐܝܕܝ ܠܪܘܡܐ ܘܠܚܣܕܐ
ܠܡܪܝܐ ܫܒܚ

2 ܡܛܠ ܕܐܣܝܪ܂ ܐܪܡܝ ܐܘ ܡܢ
ܘܗܘ ܥܕܪ ܡܝܡܝܢܐ ܕܝܢ
ܠܡܫܝܚ ܘܦܩܘܕܗ ܣܡܝ

ܘܐܝܠܝܢ ܚܝܫܐ 3

ܘܥܒܕܬ ܠܢܦܫܝ

ܘܗܘܘ ܝܫܘܦܢ ܠܗܬ ܗܕܡܝ ܠܝ ܘܥܠܝܗܘܢ 4

ܕܢ ܐܠܐ ܚܒܠ ܗܢܘܢ ܐܝܬ ܐܠܐ ܕܗ

ܐܠܗܐ ܐܘܠܝܥܐ ܐܠܗܐ ܚܝܪ̈ܐ

ܘܐܬܬܪܝܡܬ ܠܘܬ ܐܠܗܐ ܡܛܠ ܗܕܐ ܕܗܘܐ ܠܝ 5

ܝܘܫܥܬܗ ܕܡܪܝܐ ܚܝ

ܘܐܬܘܣܦܬܗ ܕܠܐ ܚܒܠܐ

ܘܐܬܬܪܝܡܬ ܒܢܗܝܪܐ ܕܡܪܝܐ 6

ܘܒܢܝܪܗ ܩܪܒܬ ܐܩܕ̈ܡܘܗܝ,

ܘܗܘܐ ܠܝ ܩܝܪ ܐܪ ܐܠܝ ܠܘ 7

ܕܡܟܣܐ ܐܠܐ ܘܕܢܐ ܐܠܐ ܩܝܪ ܠܘ

ܘܐܒܕ 8

ܘܐܬܬܩܝܫܘܫܘܝ

ܘܢܗܘ ܚܠ ܚܝ ܐܩܘܦܕ,

ܘܢܘܪ ܚܠ ܐܩܕ̈ܪܝ 9

ܕܕ̈ܝܚ ܡܥܝܢ ܐܝܪ̈ܐ ܕܬܫܒܘܚܬܗ

ܗܠܠܘ ܝܐ

ܘܐܝܟ ܕܗܒܐ ܒܐܝܕܝ ܐܬܘܪ

1 ܗܘ ܕܐܚܝܕ ܠܝ ܡܢ ܪܘܡܐ

ܘܡܩܝܡ ܠܝ ܡܢ ܬܚܬܝܬܐ

2 ܘܗܘ ܕܡܟܢܫ ܡܝܬܘܬܐ

ܘܐܝܩܪ ܠܗܘ ܠܝ

3 ܗܘ ܕܒܕܪ ܠܒܥܠܕܒܒܝ ܘܠܒܥܠܕܪܝ

4　ܗܘ ܕܝܗܒ ܠܝ ܕܐܡܪ ܥܘܠܒܝܐ ܕܦܐܘܪ̈ܐ

ܐܦ ܕܢܐܪܬ ܐܬܘܢ

5　ܗܘ ܕܦܫܛ ܐܝܕܝ̈, ܠܥܠ ܕܥܒܪܐ ܕܪܚܡܐ ܝܒܘܣ,

ܘܐܬܘܣܡܟܝ ܥܠ ܚܝܘܡ

ܘܐܬܩܝܡ ܒܪܘܡܗܝ

6　ܐܢܬ ܗܘܐ ܥܡܝ ܦܟܠ ܗܘ ܗܕܝܬܗܝ

ܠܥ ܗܘܐ ܗ ܡܢ ܝܘ ܣܢܐ ܐܝܬ ܗܘ ܗܝ ܥܠ

ܣܛܠܐ ܘܫܒܚܘ ܠܡܠܐܟܐ ܬܫܒܘܚܬܐ   7

ܘܫܒܚܘ ܣܓܘܕܐ ܐܝܟ ܐܘܝܘܬܐ ܐܠܝܠܟ ܟܠܗܘܢ ܒ

ܘܟܠܗܘܢ ܐܝܠܝܢ ܡܢ ܩܘܡܐ   8

ܘܩܒܠܬܐ ܐܝܠܝܢ ܡܢ ܩܛܠܐ   9

ܣܒܠ ܓܝܪ ܓܪܬܐ   9

ܘܡܘܪܬ ܠܗܘܢ ܣܓܝܐܐ

ܘܠܐ ܐܬܬ ܚܒܝ ܗܘܘ   10

ܘܗܘܐ ܬܒܚܬܐ ܠܢܦܫ

ܕܠܐ ܐܚܒܬ ܗܘܐ ܐܝܕܝܟ ܘܩܝܡܬ ܒܣܘܟ 11
ܐܢܬ ܕܬ ܠܗܘܢ ܠܒܐ ܠܟ
ܕܒܝܐ ܘܠܦܘܝ ܘܕܝܬܘܬ
ܘܗܘܐ ܥܡܟ ܫܘܝܬܐ ܠܘܠܘܝܕ ܘܐܢܗ 12
ܘܒܣܦܪ ܕܒ ܝܟܝܝ ܥܠܠܘܟܝ
ܘܗܘܬ ܠܟ ܡܝܟܘ ܢܘܗܪܐ ܪܟܡܝ
ܘܠܠܘ ܟ

ܚܘܒܐ ܕܛܝܒܘܬܐ ܒܪܢܫܐ ܗܘܬ

1 ܡ̇ܢ ܕܡܩܒܠ ܠܗ ܒܦܫܝܛܘܬ

ܠܒܗ ܢܫܬܥܒܕ

ܐܠܐ ܐܝܟ ܨܒܝܢ ܨܒܝܢܟ

2 ܛܝܒܘܬܐ ܕܐܬܚܙܝܬ ܠܗ̇

ܢܫܘܒܚ ܠܗ ܒܩܘܫܬܐ

ܐܠܐ ܐܝܟ ܡ̇ܢ ܕܗܘܐ ܒܗ ܒܦܫܝܛܘܬ ܚܒܝܒܐ ܡܢ ܩܕܡ ܒܪܝܬܗ

3 ܨܒܝܢܐ ܕܛܝܒܘܬܐ ܠܗ̇

ܠܒܗ ܢܫܬܥܒܕ ܠܗ̇

ܐܠܐ ܐܝܟ ܡ̇ܢ ܕܗܘܐ ܡܢ ܨܒܝܢܗ ܡܢ ܩܕܡ ܒܪܝܬܗ

4 ܡܚܫܒܬܐ ܕܝܕܥܬܗ ܕܡܪܝܐ

ܘܚܘܫܒܐ ܕܝܕܥܬܗ ܕܡܪܝܐ ܠܐ ܢܬܚܙܐ ܠܟܠܢܫ

ܘܠܐ ܢܬܚܙܐ ܘܠܐ ܟܬܒܬܗ ܕܝܕܥܬܗ

5 ܘܡܚܫܒܬܗ ܗܘܬ ܐܝܟ ܓܠܝܐܬܐ

ܕܝܥܬܐ ܫܘܡ ܡܢ ܣܒܪܬܐ

6 ܘܟܬܒܬ ܪܫܝܬ ܐܝܟ ܓܐܪܐ ܡܢ ܩܫܬܐ

ܕܫܕܝܐ ܒܩܘܫܬܐ

7 ܘܫܪܝ ܥܠ ܓܐܪܐ ܐܝܟ ܨܒܝܢܐ ܕܡܢܬܐ

ܠܫܠܝܚܗ ܘܫܕܪ ܘܫܠܚܗ ܥܠ

8 ܘܟܢܫ ܘܫܕܝܐ ܡܢ ܟܬܒܬܐ

ܘܕܐܚܝܕ ܪܫܗ̇ ܡܢ ܫܘܪܝܐ ܘܥܕܡܐ ܠܫܘܠܡܐ

9 ܟܠ ܕܠܐ ܥܠܝܗ̇ ܠܗܘܢ ܗܘܐ ܠܫܒܪܐ ܪܫܗ̇ ܫܒܩܘ

ܘܐܝܠܝܢ ܕܚܙܐܘܗ̇ ܗܘܐ ܥܠ ܠܘܬ ܫܪܒܐ ܕܪܗܛ ܘܗܘܐ ܒܗܘܢ

10 ܐܝܟ ܕܝ ܟܬܒܐ ܕܝܕܥܬܐ ܠܗܘܢ ܕܪܗܛ ܒܚܝܠܗܘܢ

ܘܢܣܒܘܗ̇ ܘܐܪܕܦܘ ܒܬܪܗ̇

ܘܡܟܬܪ ܩܪܐ ܠܗ̇

ܘܡܟܪ ܥܕܟܝܠ ܠܗ̇

11 ܠܝܠܝܟ ܕܝ ܡܬܠܬܐ

ܘܐܬܐ ܗܘܐ ܥܠ ܪܫܗ̇

12 ܘܐܬܐ ܫܪܝ ܗܘܐ ܐܬܐ

ܕܟܠܗܘܢ ܒܬܪܗ̇ ܒܪܝܬܐ

ܘܐܠܦܘܗܝ ܕܐܝܬ ܗܘܐ ܒܗ ܠܝܕܥ ܠܛܒܬܐ   13

ܠܡ ܐܝܬ ܗܘܐ ܒܗ

ܠܡ ܗܘܐ ܗܕ ܘܣܒܪܗ

ܗܘܘ ܕܝܠܦܘܗܝ ܣܟܠܘܬ ܐܝܕܝܗܘܢ   14

ܘܥܒܪܬ ܒܗܘܬܐ

ܘܒܬ ܬܐܝ ܗܕܐ ܟܬ ܡܐܝܢ ܣܦܪܢ   15

ܘܒܬ ܗܝܕܐ ܐܝܪܘ ܗܠܬ

ܚܬܝ ܪܝ ܚܐ ܠܬܓ ܠܗ ܪܬܠܐ   16

ܘܝܠܬ ܕܐܚܒ ܐܬܘܒܝ ܠܗ ܢܐܛܠܝ ܠܛܒܬܐ

ܘܒܬ ܕܐܬܗ ܗܘܐ ܒܠܗ ܢܝܡܗ

ܐܝܪܬܗ ܐܝܬ ܗܘܐ ܘܣܘܡܒܪܐ   17

ܘܗܕܘܬܐ ܕܒܥܝܪܐ ܢܘܣܪܐ ܒܠܬܐ ܒܠܗܘܢ ܐܝܟܬܐܘܬܐ

ܘܐܬܬܠܝ ، ܒܪܢ ܢܩܝ ܪܚܐ ܕܬܐܬ ܒܠܝܛ   18

ܘܒܬܐ ܪܐܝܪܪ ܡܢ ܐܐܟ ܡܢ ܡܐܙ ܘܗܒܐ

ܘܐ ܒܬ ܟܒܬܠ ܘܣܡܪ   19

ܘܐܬܟܠܛܠܠ ܪܝ ܒ ܢܣܒܐ ܪܬ ܒܣܦܪ̈ܐ

ܐܝܘܚ ܘܪ ܒܠ ܒܠܗܘܢ ܒܣܩܛܫܪܐ ܘܪܝܒܣ   20

ܘܬܒܣ ܪ ܕܘܪ ܢܛܠܐ ܘܐܬܗܠܛܘܐ

ܘܗܘܬ ܪ ܒܝ ܐܝܪܬ ܦܘܒܠܢܐ ܪܘܬܐܝܪ   21

ܘܪܒ ܘܣܠܒܪ ܕܐܠܗ ܗܐ ܩܘ ܒܒܐܠܝ̈ܢ ܒ

ܘܒܘ ܐܪܐ ܗܘ ܣܠ ܚܝܡܗ   22

ܘܒ ܒܪܐ ܐܝܘܩܗ ܘܪܒܐ ܣܝ ܒܚ

ܠܟܬܒܘ ܠܛܠܡ ܛܠܟܝ

ܟܠܘܬ ܪ

ܐܘܢܝܬܐ (ܕܥܣܪܝܢ ܘ) ܕܐܪܒܥ

ܝܘܢܐ ܦܪܚܬ ܥܠ ܪܝܫܗ ܕܡܪܢ ܡܫܝܚܐ 1

ܡܛܠ ܕܗܘܐ ܠܗ ܪܝܫܐ

ܘܙܡܪܬ ܥܠܘܗܝ, ܘܐܫܬܡܥ ܩܠܗ 2

ܘܕܚܠܘ ܥܡܘܪ̈ܐ ܘܐܬܬܙܝܥ ܐܟܣ̈ܢܝܐ ܘܬܘܬܒ̈ܐ 3

ܦܪܚܬ ܨܦܪܐ ܘܦܪ̈ܚܬܐ 4

ܘܫܒܩ̈ܝ ܩܢܝܗܝܢ ܘܦܪܚ ܠܡ 5

ܘܐܬܟܢܫ ܪܗܘܡܐ ܘܬܗܘܡܐ

ܘܗܘܘ ܐܝܟ ܬܗܘܡ̈ܐ ܥܡܝܩ̈ܐ 6

ܠܐ ܫܒܩܘ ܠܗܘܢ ܥܒܝܕ̈ܐ

ܡܛܠ ܕܠܐ ܗܘܐ ܕܠܗܘܢ ܗܘܐ 7

ܘܦܩܚܐ ܗܝ ܕܬܗܘܡ̈ܐ ܦܬܝܚ ܗܘܐ ܒܡܪܢ

ܘܐܒܕܘ ܒܗ ܒܗܝ ܡܚܫܒܬܐ 8

ܕܡܢ ܩܕܝܡ ܗܘܘ ܠܗܘܢ ܦܪܝܫܝܢ

ܣܠܩ ܒܗ ܡܢ ܟܪܣܗܝܢ 9

ܘܒܥܩܪܐ ܕܡܘܬܐ ܐܝܬ ܗܘܐ ܚܝ̈ܐ

ܘܒܗܝ ܡܠܬܐ ܕܐܝܬ ܠܗ 10

ܠܗܠܝܢ ܐܝܟ ܟ̈ܐܦܐ ܐܬܪܡܝܘ

ܢܬܩܢ ܗܘܐ ܐܝܟ ܟܐܦܐ ܘܡܬܚܫ̈ܒܬܐ 11

ܘܣܝܡ ܝܢܠ ܡܢ ܫܘܪܝܐ

ܗܠܝܢ ܕܠܐ ܐܝܬܝܗܝܢ ܗܘܘ ܫܩܠܘ ܠܗܘܢ 12

ܘܐܬܟܢܫܘ

ܠܗܠܝܢ ܐܝܟ ܟ̈ܐܦܐ ܗܘܐ ܠܗܘܢ 13

ܡܛܠ ܕܐܝܬ ܟܝ ܒܗ ܣܘܪܚܢ̈ܐ

ܘܐܦ ܛܥܝܘܬܗ

ܘܡܢܘ ܕܐܬܩܢ ܬܩܢ̈ܬܐ 14

ܒܚܝܠܗ ܣܝܡ ܥܩܪܐ

ܘܐܝܟܢܐ ܕܝܡܢܝ ܡ̣ܒܪܝ ܐܬܝܗ (ܘܣܒܟܐ)

1　ܐܬܦܨܝܬ ܡܢ ܐܣܘܪ̈ܝ,
　　ܘܠܘܬܟ ܥܪܩܬ ܐܠܗܝ,

2　ܡܛܠ ܕܗܘܝܬ ܝܡܝܢܐ ܕܦܪܘܩܐ
　　ܘܡܥܕܪܢܝ ܕܚܝܠ,

3　ܟܠܝܬ ܠܟܠ ܕܥܠܝ ܕܢܣܚܒܢܝ ܠܡܘܬܐ
　　ܘܩܕܡ ܠܐ ܐܬܚܙܝ ܒܝ

4　ܡܛܠ ܕܦܐܝܢ̣ܐܝܬ ܚܒܪ ܗܘܐ
　　ܗܘ ܕܦܐܐ ܗܘܐ ܠܝ ܦܪܘܩܘܬܟ

ܘܐܬܬܪܝܡܬ ܒܗ ܘܐܬܦܪܩܬ ܡܢ ܚܢܩܬܐ ܘܦܟܪܐ 5

ܘܗܘܐ ܠܝ ܚܢܩܬܐ ܐܝܟ ܐܪܥܐ

ܘܗܘܐ ܠܝ ܚܘܒܐ ܡܢ ܠܘܬ ܘܦܘܪܩܢܐ 6

ܙܪ̈ܐ ܡܛܠ ܠܝ ܡܢ ܡܚܝܠܐ ܥܡ ܚܝܠܐ 7

ܗܠܝܢ ܗܘܐ ܒܝ ܩܘܕܡ ܗܠܐ ܘܗܘܝܬ ܬܡܝܗܐ

ܘܐܬܬܘܒܒܬ ܒܫܡܟ ܕܝܠܟ 8

ܘܐܪܝܡ ܠܟ ܥܠ ܬܘܕܝܬܐ

9 ܗܘ ܕܐܠܗܐ ܐܪܝ ܣܥܪܢ̈ܝ ܣܟ̈ܠܬܐ
ܘܐܟܪܟܢܝ ܩܘܡܗ ܪܚܡܬܗ ·

10 ܘܗܘܐ ܠܝ ܚܝ̈ܠܐ ܒܕܪܝܢܝ
ܘܟܘܫ ܒܪܕ ܣܘܢܗ̈ܬܟ

11 ܘܕܢܚ ܣܝܪ ܚܠܡ̈ܝ ܠܡܩܛܠ
ܘܗܘܐ ܠܝ ܪܘܚܐ ܣܪ ܝܕܥ ܗܪ̈ܝ ܠ

12 ܘܐܬܪܬܕܗ ܒܪܕܚܘܣܟܬ̈ܘ
ܘܚܝ ܠܟܠܟܠܗܘ̈ ܗܘ
ܘܠܠܗ ܐ

ܘܐܢܬܘܢ ܕܥܡܝ ܝܩܪܘ ܒܩܫܬܐ

ܡܠܐܬ ܬܫܒܘܚܬܐ ܠܡܪܝܐ	1
ܐܝܟ ܕܗܘܐ ܠܝ ܛܝܒܘ	
ܘܡܠܠܬ ܬܫܒܘܚܬܗ ܡܢ ܬܫܒܘܚܬܐ ܠܡܠܠܘ	2
ܗܘ ܩܢܝܢܐ ܕܠܒܝ ܗܘ	
ܣܓܝܐܬ ܝܢܝ ܬܪܥ ܠܗ	3
ܘܠܐ ܝܥܠܡ ܘܬܫܒܘܚܬܐ ܕܝܠܗ	
ܐܝܟܐ ܕܗܘܐ ܡܥ ܡܠܐ ܠܒܝ	4
ܢܒܥܬ ܘܝܘܪܕܢܘܗܝ ܡܢ ܠܒܘܗܝ ܡܘܗܒܬ	
ܡܢ ܗܕܐ ܝܢܝ ܘܬܫܒܘܚܬܐ ܠܡܠܐܟܐ	5
ܬܫܒܘܚܬܐ ܕܝܠܗ	
ܣܡ ܒܦܘܡܝ ܘܬܫܒܘܚܬܐ ܠܦܐܪܐ	6
ܕܝܠܗ ܛܘܒܐ	
ܣܡ ܥܠ ܘܝܩܪ ܬܫܒܘܚܬܐ ܠܫܢܘܗܝ	7
ܗܘ ܕܝܠܗ ܡܟܠܟܘ	
ܗܠܝܢ ܕܚܫܐ ܘܬܫܒܘܚܬܐ ܕܝܠܗ	8
ܐܘ ܡܢ ܗܘܐ ܢܐܡܪ ܠܒܝ	
ܐܘ ܡܢ ܗܘܐ ܕܝܩܪ {ܘܠܡ} ܠܫܢܝ	9
ܕܦܬܚ ܦܘܡܝ	
ܐܘ ܡܢ ܗܘܐ ܕܡܫܟܚ ܥܠ ܗܘ ܡܪܝܐ	10
ܕܢܚܠܠ ܡܢ ܚܘܒܗ	
ܗܠܝܢ ܕܚܒܒܘ ܘܝܩܪܬ ܡܛܠܬܗܘܢ ܡܪܝܐ	11
ܐܝܟ ܝܢܝ ܗܘ ܕܝܩܪܬ ܠܝܩܪܐ	
ܘܐܡܪ ܗܘ ܕܝܩܪܬ	
ܡܩܡ ܝܢܝ ܠܡܪܐ ܘܒܬܫܚ	12
ܕܐܟܐ ܝܢܝ ܡܫܟܚ ܠܡܟܚܘܬܐ	
ܐܝܟ ܡܝܐ ܕܐܬܐ ܠܘ ܡܚܒܐ ܕܡܝܐ ܚܛܝܐ	13
ܘܩܕܡ ܠܚܢܐ ܟܝܢܐ ܕܥܠܡܝ ܕܚܒܝ ܠܘ	
ܡܛܠ	

ܘܐܪܝܡܬ ܚܕ̈ܝ ܠܡܪܝ ܡܛܠܬܗ

1　　ܦܫܛܬ ܐܝܕ̈ܝ ܘܩܪܒܬ ܠܘܬܗ

2　　ܡܛܠ ܕܡܬܚܐ ܕܐܝܕ̈ܝ ܐܬܗ ܗܘ

3　　ܘܦܫܝܛܘܬܗ ܩܝܣܐ ܕܙܩܝܦ
　　　　ܗܠܠܘܝܐ

(Vgl. Ode 42,1-2:)

1　　ܦܫܛܬ ܐܝܕ̈ܝ ܘܐܬܩܪܒܬ ܠܘܬ ܡܪܝ
　　　ܡܛܠ ܕܡܬܚܐ ܕܐܝܕ̈ܝ ܐܬܗ ܗܘ

2　　ܘܦܫܝܛܘܬܗ ܩܝܣܐ ܦܫܝܛܐ
　　　ܕܐܬܬܠܝ ܥܠ ܐܘܪܚܐ ܕܓܒܪܐ ܟܐܢܐ

ܘܐܪܝܡܬ ܚܕ̈ܝ ܠܡܪܝ ܘܬܫܒܘܚܬܐ

1　　ܐܝܟ ܦܘܩ̈ܕܢܘܗܝ ܕܡܪܝܐ ܗܟܢܐ ܩܥܝܬ
　　　ܘܡܘܕ̈ܝܢ ܒܗ ܠܟܠ ܦܘܩ̈ܕܢܘܗܝ
　　　ܘܡܫܒܚ ܐܝܟ ܩܝܡܬܐ ܕܝܠܗ ܥܠ ܟܠ ܒܪ

2　　ܐܢܫܐ ܒܟܠ ܥܬ
　　　ܐܝܟ ܕܠܐ ܢܗܘܐ ܒܝ ܣܟܠܘܬܐ ܡܢ ܐܢܫ

3　　ܘܫܒܚܬ ܡܛܠ ܗܢ ܐܘ ܐܬܚܫܒܬ
　　　ܡܛܠ ܕܣܥܝܡ ܗܘ ܗܘ ܕܡܚܒܬ ܒܗ

4　　ܘܪܒܪܒ̈ܢ
　　　ܘܪ ܕܚ ܠܐܬܗ ܗܘ
　　　ܘܐܝܪܘ ܠܐ ܕܗܦܝܟܝܢ ܡܢܝ
　　　ܐܠܐ ܣܘܡ̈ܪܐ

5　　ܡܛܠ ܕܐܬܟܬܒܬ ܡܢ ܩܕܡ ܕܢܗܘܐ ܐܝܕܗ ܐܠ
　　　ܐܬܟܬܒܬ ܒܬܫܘ̈ܝܬܗ, ܕܐܠ ܣܦ

6　　ܘܒܡܣܦܪ ܢ ܙܕ̈ܝ ܡ ܐܠ ܣܦܝ̈ܩܝܢ

7　　ܘܡܛܠ ܗܘ̈ܝ ܐܬܒܝܬ ܡܢ ܣܪ ܐܝܕܗ ܕܒܪ
　　　ܠܐ ܡܚܣܪ ܠܥܠܡ
　　　ܡܛܠ ܕܐܝܬܗ ܗܘ

ܐܬܚܪܪܬ ܡܢ ܗܘܐ ܥܠܝ ܕܝܢ ܐܠܗܐ ܕܝܪܐܬ ܗܘܐ ܠܝ 8
ܐܪܝܬܐ ܕܪܓܝܐܬܐ

ܘܩܪܝܐ ܗܬܐܠܬܬ ܠܝ ܩܢܘܡܝ 9
ܐܪܕܐ ܡܢ ܐܝܕ ܕܝܥܬ ܗܘܢ ܠܘܬ ܕܐܬܘܠܝ ܐܠܗܐ

ܕܠܝ ܒ ܕܘ ܕܝܣܐܠܝܩܘ 10
ܠܝ ܗܘܐ ܩܘܦܘ

ܒ ܗܘ ܝ ܕܘܣܠܘܩ ܗܘܐ ܒ 11
ܠܝ ܒ ܗܘܐ ܠܝܐ ܐܠܝܐܝܕ ܐܪܕܐ

ܐܬܗ ܗܘܐ ܠܝ ܒܚܪܬ ܣܝܠܚܠܕ ܐܪܕܐ 12
ܐܬܗܝ ܗܘܐܬ

ܩܣܘܐ ܕܬܠܬ ܗܝܐ ܐܪܝܐ ܝ ܕܘܪܝܣܢܘ 13
ܘܣܢܐ ܩܪܝ ܕܐ ܐܪܝ ܐܠܝܢ ܐܪܝܕܗ ܕܟܠܗ ܘܐܝܣ ܢܗ

ܐܡܬܘܬܕܪܗ, ܡ ܐܠܟܣܕܗ ܕܐܠܗܐ 14
ܝܗܠܝܚܣܢܘ ܣܪܚܣܝܣܚܘܡ

ܐܠܟ ܐܘܗ ܕܝܢ ܟܢܝ ܚܪ̈ܐ ܗܘܐ ܪ̈ܣܐ ܕܝܢ ܐܠܟ 15
ܒ ܕܢ ܝܣ ܝܢܘܢ ܐܬܝܕ ܐܬܝܐ ܕܐܬܐ

ܐܬܐ ܟܠܐ 16
ܪܘܝܚ ܡ ܗܘ ܝ ܐܝܪܐ ܐܪܟܘܐ 17
ܐܬܗ ܗܘܐ ܚܣܝܪ ܡܢ ܕ ܒܘܪܝܣܢܘ
ܐܣܘ ܪܘܒ ܚܣܩܒܘ ܡܘܗ ܪܠܚ

ܘܐܝ ܝ ܕܝܢ ܬ ܕܐܬܪ ܡܘܗ ܠܝܚ 18
ܕܝܪ̈ܐܝܗ ܘܕܡ ܬܝܣ ܡܚܣܡ̈ܢ ܝܣܚ ܕ ܠܟ ܒܘ

ܐܬܗ ܗܝ ܟܠ ܐܟܪ̈ܣܐ ܝܐܬܝܠ ܐܬܝܣ̈ܡܝ ܘ ܐܪܕ ܝܣ 19
ܘܠܟܣܡ ܡܕܪܝ ܗܘ ܟܠ ܡܢ ܚܒܣܝܟ
ܡܠܘܠܐ ܪ

ܘܡܪܝܐ ܕ(ܗܘܐ ܠܝ) ܠܦܘܪܩܢ

1	ܗܘ ܕܐܣܡܟ ܠܝ ܥܠ ܣܕܐ ܗܘ ܝܡܝܢܗ
2	ܘܐܦܝܩ ܡܢ ܚܫܘܟܐ ܠܢܘܗܪܗ ܕܗܝܡܢܘܬܗ
	ܘܐܝܟ ܕܬܡܘܡܗ ܡܚܘܬܐ ܐܦ ܡܢ ܗܕܐ ܠܝ
3	ܘܐܝܟ ܚܘܒܠ ܪܡܫܗܡ، ܗܘܝܘ ܐܝܪ ܝܕܠܝ
	ܘܐܝܟ ܪܝܫܝܟܐ ܢܚܘܬ ܐܪܥܐ ܕܗܒܝܪܝ
4	ܘܦܪܩܢܝ ܡܢ ܚܢܦܝܬܐ ܡܢ ܕܪܒܥܠܕ
	ܡܢ ܦܘܡܗ ܕܡܘܬܐ ܠܚܝܐ ܠܝ
5	ܘܐܪܡܝܬ ܠܗܕܐ ܬܚܬ ܘܕܗܘ ܕܡܠܝ ܠܦܘܪܩܬܗ
6	ܘܡܚܝܠ ܩܪܝܢ ܢܚܫܬܝ ܕܐܝܪ ܠܝ
	ܘܐܬܚܪܝ، ܠܝ ܪܡܝܢ ܗܘ ܠܝ
7	ܘܣܘ، ܠܝ ܐܫܬ ܘܝܚܕܪܬ ܠܝ ܕܗܒܝܘܗܝ
8	ܘܗܕܐ ܠܝ ܣܡ ܕܣܝܠܬܐ ܕܐܫܟܠܬ ܠܦܘܪܩܬܗ
	ܘܕܚܒܪܬ. ܡܣܬܘܐ ܕܚܟܡܬܐ
	ܘܣܩܐܝܟ ܪܥܝܢܝܢ ܕܘܢܝܐ ܠܗܒܒܟ
9	ܠܚܒܪܬ. ܡܢ ܪܝܢ ܠܒܠܬܗ
	ܘܣܝܘܝܐ ܠܣܩܕ ܣܘܢܚܠ
10	ܘܣܐܚܪ ܠܚܠܬܕܚܝ ܗܢ ܠܝ ܠܒܠܬܗ
	ܘܗܡܐ ܐܝܟ ܢܘܪܐ ܕܒܢܩܐ ܠܝ ܗܘ ܪܝܘ
11	ܘ ܡܣܥܩ ܠܗܕܐ ܕܦܘܪܩܬܐ ܪܝܚܐ
	ܐܠܬܝ ܕܩܝܗܡ ܠܩܛܪ ܘܠܒܩ ܘܕܩܝܪܝܢ ܕܚܒܢܬܗ
	ܗܠܠܝܟܐ

<hr>

ܘܡܪܝܐ ܕܬܠܬ ܝ ܠܬܬ

1	ܡܠܘ ܠܗܘܢ ܡܝܐ ܡܢ ܡܒܘܥܐ ܝܒܝܥ ܕܡܪܝܐ
	ܘܠܒ ܕܐܬܩܐܬܘ ܠܚܘ
2	ܘܐܬܘ ܟܠܟܘܢ ܘܩܗܕܐ ܘܐܫܬܘ ܘܐܬܬܢܝܚܘ ܥܠ ܒܘܥܗ ܕܡܪܝܐ
3	ܘܠܬ ܕܫܦܝܪ ܗܘ ܘܩܗ ܘܣܩܕ ܘܣܚܝܢ ܘܩܒܐ

ܡܢ ܕܒܪܐ ܠܢ ܘܗܒ ܚܘܝܘܬܐ ܡܢܗ، 4

ܘܕܡܘܬܐ ܕܒܗ ܕܐܬܒܪܝܬ ܠܐ ܐܫܬܚܠܦܬ ܠܗ 5

ܐܝܟ ܕܗܘ ܩܘܝܡ ܕܗܒܐ ܠܐ ܢܚܡ

ܥܡ ܠܚܡܐ ܕܗܒܐ ܕܠܐ ܫܡܗ 6

ܕܐܝܟ ܕܐ ܗܘ ܡܥܠܐ ܠܐ ܓܢܒܐ ܐܫܟܚ

ܘܕܡܘܬܐ ܕܗܘܢܐ ܡܬܒܕܩܐ ܠܐ ܐܬܒܝܢ، 7

ܫܘܒܚܐ ܠܟ ܥܠ ܪܝܫܐ ܕܩܘܪܫܢܐ ܕܒܗ ܐܬܚܝܢܘ ܡܢܟ

ܗܠܠܘܝܐ

ܘܐܝܕܐ ܕܬܠܬܝܢ ܘܚܕܐ

ܐܫܬܒܚܘ ܬܗܘܡܐ ܡܢ ܩܕܡ ܡܪܝܐ ܘܫܡܘܗܝ 1

ܘܐܬܝܗܒܬ ܫܘܒܚܐ ܡܢ ܚܝܠܘܗܝ

ܥܠ ܓܠ ܓܠܐܬܗ ܘܐܫܬܒܚܬ ܡܝܐ 2

ܘܐܬܝܗܒܬ ܩܘܫܬܐ ܠܐ ܡܬܬܣܝܡ ܐܘܠܝܬܐ

ܘܐܬܒܠܥܬ ܡܢ ܪܝܫ ܡܝܪܐ ܕܐ

ܘܣܡܐ ܘܐܘܠܕ ܐܠܠܬ ܩܘܫܬܐ ܘܐܫܬܒܚܬ 3

ܘܡܠܠܬ ܠܠܓܠܐ ܕܐܒܗܬܐ ܫܘܒܚܐ ܠܫܡܗ

ܘܩܪܝ ܠܡܠܬܐ ܠܓܠ ܡܢ ܪܝܫ ܡܪܐ 4

ܘܩܡܘ ܠܗ ܥܠ ܚܢܬܝ ܗܘܢ ܐܚܝܕܘܗܝ، ܗܘܘ 5

ܘܐܬܪܡܝܘ ܫܢܝܗܘܢ

ܐܝܟ ܕܣܩܪܐ ܠܗ ܠܝܪܐ ܗܘܐ، ܗܘܐ ܚܝܐ 6

ܘܗܘܘ ܡܗܘܢ ܕܐܬܠܓܘ ܘܣܚܒܘܗܝ ܕܘܝܬܐ 7

ܘܢܦܠܘ ܒܫܘܒܚܐ ܕܚܢܬܗ ܫܘܒܚܐ

ܘܫܡܗ ܣܢܝ ܗܘܢ ܕܠܐ ܫܢܝܬܐ

ܘܣܝܒܪ ܕܐ ܡܫܚ 8

ܠܗܡ ܕܠܐ ܐܝܬ، ܗܘܐ ܡܫܚܒܪܐ

ܘܫܠܛܘ ܟܕܬ، 9

ܗܝ ܕܩܕܡ ܠܐ ܐܬܚܫܒ ܠܗܘܢ

ܐܝܟ ܕܝܢ ܡܝܪܐ ܢܚܬܬ ܘܫܡܠܝ 10

ܗܝ ܕܠܐ ܐܬܝܕܥ ܒ ܐܬܝܠܘܢ

11   ܐܢܐ ܐܠܐ ܡܘܬ ܕܠܐ ܢܘܗܪܐ

ܐܝܟ ܢܝ ܚܒܟܐ ܚܪ ܢܘܬܐ

ܡ; ܐܬܚܕܐ ܡܢ ܟܠܠܐ ܡܫܡܫܝܪܐ

12   ܘܡܛܠ ܢܝܝܘܒܘܗܡ ܛܠܒ ܢܡܝܘܒܘܬܐ

ܟܠܠ ܕܝܘܦܘܢ ܝܚܒܪ ܘܐܝܬܒܘܗܝ,

13   ܘܠܐ ܝܡܝܢ ܠܘܒܘܬܐ ܕܠܠܐ ܝܡܝ ܪ ܕܠܛܒ ܐܘܡܒܬܐ

ܗܘܢ ܕܐܬܬܘܒܬܠ ܝܟ ܕܐܘܒܘܗܠ ܕܘܪܝܘܡ ܝܝܪܡܗܘܢ

ܗܠܠܘ ܝܐ

ܘܐܝܪܝܐ ܕܪܠܬ ܝܒܠܬܗ ܝܒܪܬ ܝ

1   ܠܝܩܘܬܠܐ ܡܚܘܚ ܡܢ ܝܒܝܘܐ ܠܒܟܡܢ

ܘܡܝܪܐ ܡܢ ܗܐ ܕܝܒܚܪ ܡܝ ܪܝܒܘܚ ܝ

2   ܘܚܡܛܟ ܡܢ ܝܒܝܪ ܗܐ ܡܟܘܗ ܝܒܝܒ

3   ܟܠܠ ܕܪܐܬܚܒ ܒܠܝܠܡ ܡܕ ܝܚܒ ܕܐܝܝ ܝ

ܘܗܡ ܕܠܐ ܘܐܒܕܘ ܗܡ ܝܒܚܠܡ ܠܚܠܡ ܝ

ܗܠܠܘ ܝܐ

ܘܐܝܪܝܐ ܕܪܠܬ ܝܒܠܬ ܝ ܘܐܝܪܝ

1   ܐܡܝܠܛ ܝ ܒܝ ܒܒܘ ܝܒܪܚܕ ܘܪܡܚܐܬܟ ܕܟܡܘܢ ܠܡܝܙܟܠ

ܘܚܒܬܟ ܗܡ ܐܝܟ ܝܒܘܪܘܝܒ,

2   ܘܗܒܘܚܡ ܡܢ ܐܝܒܒܟܠ ܐܒܪܚܝ,

ܘܚܒܝ ܘܠܚ ܛܗܘܢܟ

3   ܗܡܘ ܘܕܒܚܐ ܝ ܒܚ ܝ ܟܠ ܛܒܡ

ܡܢ ܘܐܩܘܚ ܐܝܪܟ ܘܟܒܚܐ ܕܒܪܝܟ ܛܒܘܩܝ

4 ܗܘ ܕܐܬܦܪܩܘ ܕܠܝܬ ܠܗܘܢ ܠܟܠ ܡܗܘܐ ܗ

ܘܠܐ ܐܬܝܠܝ ، ܐܢܐ ܗܢܟ ܡܣܟܐ

5 ܐܠܐ ܕܥܒܕ ܐܬܠ ܬܠܬܐ ܢܬܩܪܒܘܢ

ܘܗܡܪܐ ܗܡܣܟܐ ܐܪܘܝܬܐ

6 ܒܬܪ ܐܪܥܐ ܐܬܦܠܚ

ܣܝܢܬ ܐܬܘܡܗܘ ܗܬ

7 ܘܒܣܝܐ ܗܘܐܢܘܬܗ ܗܐܠܐ ܗܡ

ܘܐܬܢܣܒܐ ܠܝ

8 ܘܩܪܐ ܠܘܬ ܩܘܡ

ܘܐܦܣܩܘ ܡܢ ܐܒܕܢܐ

ܘܐܬܣܟܘܢ ܘܬܐܘܢܬܐ ܗܙܢܝܪܐ

9 ܠܟ ܐܬܠܟܣܘܢ ܘܩܐ ܬܗܣܟܘܢ

10 ܣܘܬܚܝܢ ܠܝ ܗܬܪܒܣܐ

ܘܒܣ ܐܠܐ ܐܠܐ ܗܣܟܠܠܐ ܗܡܠܐ ܗܢܝ ܐܬܘܗܠܣܘܢ

11 ܘܩܘܪܬ، ܐܬܥܘܢܬܐ ܢܣܘܪܐܗܬ ܠܘܒܟܐ

، ܐܢܐ ܐܠܐ ܢܣܚܢܗ

12 ܘܩܘܡ ܗܬܒܣܚܐ ܪܘܥܣܬܠܐ ܠܐ ܬܗܠܝܠܣܐ

ܐܠܐ ܘܣܡܢ ܐܢܠܐ ܗܬܐ ܗܚܣܝܠܒ ܐܠܐ ܢܬܪ

13 ܗܒܬܪ ܡܗܘܠܡ ܗܬ

ܘܐܬܝܪܐ، ܐܘܪܗ ܗܡܠܐ ܢܘܩܒ ܗܢܣܚܐ ܠܝ

ܘܐܬܗܠܐ ܐܢܠܐ ܗܠ ܪܬܒ

ܗܡܠܠܘ ܪ

ܘܗܣܝܪܐ ܗܬܠܠܬ ܢܗܢܝܐ

1 ܠܟܠ ܐܘܪܝܢ ܣܚܠܝܬ

ܐܪ ܣܚܠܗܕ ܗܩܠܘܒ ܐܬܦܚܒ

ܘܐܪ ܣܚܘܡܬ

ܬܬܚܣܘܬ ܪܬ ܝܝܚܪܗ ܬܐ

2 ܘܐܪ ܚܠܠܠ ܐܠܠܐ

ܬܘܣܣܘܬ ܗܬܚܣܘܪܐ ܗܡ ܣܚܝܪܬ

3 ܐܢܣܐ ܗܘܩܢܝ ܝܗ ܡܢ ܠܟ ܠܥ ܪܬܗܝ ܗܣܣܪܐ ܪܝܢܣܐ

ܠܟܠ ܗܡ ܗܡܗܩ ܗܦܠܝܢܬ

Ode 34

4 ܠܬܚܬ ܕ ܐܘ ܗܘܐ ܕܡܐ ܕܬܚܬܐ

ܠܥܠ ܕ ܗܘ ܗܘܐ ܗܘ ܠܥܠ

5 ܗܘ ܠܥܠ ܢܝܪ ܕܠܥܠ ܗܘ

ܘܠܬܚܬ ܠܬܚܬ ܡܪܕ

ܗܘܢ ܠܥܠ ܕܒܬܟܐ ܕ ܠܥܠ ܨܪܬܐ ܐܠܐ

6 ܐܡܢܩܝܘܢܐ ܐܠܝܬ ܐܠܝܬ ܬܫܒܘܚܬܐ

ܡܗܝܡܢܘܬܐ ܘܚܝܐ ܘܐܒܝܢܘܗܝ

ܗܠܠܘܝܐ

Ode 35

ܘܕܢܝܪܐ ܢܦܫܝ ܕܬܬܠ ܠܝ ܘܟܢܫܬ

1 ܡܠܠ ܠܐ ܪܒܝܬܐ ܕܡܪܝܐ ܚܠܒ ܐܝܟ ܪܚܡܘܗܝ ܘܐܣܡ

ܘܐ ܪܥܝܢܐ ܕܛܠܠܬܐ ܡܢ ܠܥܠ ܕܢܝܚܐ

2 ܬܚܠܨ ܠܝ ܩܝܛܐ ܗܘܬ ܪܥܝܢܐ

ܠܝ ܗܘܐ ܩܝܣܘܪܐ ܗܘܐ ܠܝ

3 ܐܠܝܢܝ ܘܐܬܪܝܚ ܕܒܪܚܡܐ ܟܕ ܘܐܬܪܡܝܘܒ

ܘܩܡܬ ܗܘܝܬ ܥܡܗܘܢ ܗܠܝܟ ܘܢܝܚܐ ܗܘܐ

4 ܐܝܟܐ ܕܪܚܡܝܐ ܟܣܝܐ ܗܘܐ ܐܠܐ ܕܪܒܝܢܐ

ܘܗܠܟܬ ܡܢ ܗܘܐ ܫܠܝܠ ܗܘܐ ܠܝ

ܘܗܠܟܬ ܡܢ ܫܬܐܬܘܬܐ

5 ܐܝܟܘ ܫܠܝܠ ܡܢ ܡܢܗ ܥܠܝܟ ܗܘܐ ܗܘܐ

ܘܩܡܬ ܠܝ ܫܠܡܐ ܕܪܒܝ ܗܘܐ

6 ܘܐܬܬܪܝܡܬ ܒܚܝܠܗ ܕܡܪܝܐ

ܘܐܬܝܬܬ ܒܬܘܫܒܚܬܗ

7 ܘܟܠܗܘܢ ܕܚܙܘ , ܘܐܬܕܡܪܘ ܕܡܐ ܕܪܒܝܐ

ܗܘܝܬ ܟܕ ܛܠ ܓܒܝܐ ܠܝܝ

ܘܐܬܝܬܬ ܒܬܘܫܒܚܬܗ

ܗܠܠܘܝܐ

ܘܐܡܪܬ ܕܛܠܠܝ ܐܢܬܝܢ

ܐܬܛܝܝܒܬ ܗܘܐ ܪܘܚܗ ܕܡܪܝܐ ܟ	1
ܘܪܡܬܢܝ ܠܪܘܡܐ	
ܘܐܩܝܡܬܢܝ ܥܠ ܪܓܠܝ ܒܪܘܡܗ ܕܡܪܝܐ ܟ	2
ܩܕܡ ܫܘܒܚܗ ܘܬܫܒܘܚܬܗ	
ܟܕ ܡܫܒܚ ܐܢܐ ܒܬܘܩܢܐ ܕܬܫܒܚܬܗ	
ܝܠܕܬܢܝ ܩܕܡ ܪܚܡܘܗܝ ܕܡܪܝܐ ܟ	3
ܘܐܢܐ ܕܪܒܐ ܐܝܟ ܝܠܕܐ ܐܬܚܫܒܬ ܩܕܡ ܪܒܘܬܐ ܕܐܠܗܐ	
ܟܕ ܡܫܒܚ ܐܢܐ ܒܬܫܒܚܬܐ	4
ܒܪ ܐܢܐ ܩܕܝܫܐ	
ܐܝܟ ܚܝܠܗ ܪܒܐ ܕܡܪܝܐ ܝܠܕܢܝ ܐܝܟ ܪܚܡܘܗܝ ܐܬܚܠܝ	5
ܘܐܝܟ ܝܬܪܘܬܗ ܚܠܛܢܝ	
ܘܡܫܚܢܝ ܡܢ ܬܫܒܘܚܬܗ	6
ܘܗܘܐ ܠܝ ܡܢ ܝܬܪܘܬܗ	
ܐܬܩܢܬ ܥܠ ܬܘܩܢܐ ܐܝܟ ܚܝܠܐ ܕܥܒܘܕܘܬܗ	7
ܘܩܡ ܥܠܝ ܫܠܡܐ ܕܬܘܩܢܗ ܗܠܠܘܝܐ	
ܘܗܘܐ ܩܕܡ ܡܬܩܢ ܥܠܝܐ	8
ܐܬܚܝܪܬ ܒܪܘܚܐ ܕܬܩܢܘܬܐ ܥܠܝܬܐ	
ܗܠܠܘܝܐ	

ܘܐܡܪܬ ܕܛܠܠܝ ܒܥܒܕܐ

ܦܪܫܬ ܐܝܕܝ ܠܡܪܝܐ ܟ	1
ܘܠܥܠܝ ܩܪܝܬ ܐܝܕܝ ܠܡܪܝܐ ܡܠܟܝ	
ܘܡܛܠ ܕܡܩܘܡܗ ܕܠܒܝ	2
ܘܡܫܡܥܬ ܠܗ ܫܦܬܝ ܡܠܟܝ ܠܒܝ	
ܦܩܕ ܐܠܝ ܠܒܝ	3
ܗܝ ܗܘܐ ܠܝ ܦܐܪܐ ܕܡܪܝܐ	
ܘܗܝ ܗܘܐ ܠܝ ܚܝܐ ܕܒܥܒܕܘܬܗ ܕܡܪܝܐ ܟ ܗܠܠܘܝܐ	4

ܘܐܪܟܒܬܢܝ ܥܠ ܡܪܟܒܬܗ ܕܩܘܫܬܐ

1   ܘܕܒܪܬܢܝ ܡܢ ܝܡܝܢ ܘܣܡܠ ܘܡܕܒܪܢܝ ܒܫܘܒܚܐ

ܘܗܘܝܬ ܫܪܝܪ ܘܐܬܪܘܚܬ

2   ܘܐܬܩܪܒܬ ܡܢ ܡܪܝܐ ܘܩܫܛܐ ܘܩܝܡܐ

ܘܡܢ ܛܘܥܝܝ ܘܠܟܠ ܣܪܝܩܘܬܐ ܦܪܩܢܝ

3   ܘܗܘܐ ܠܝ ܠܝܠܝܐ ܕܐܝܡܡܐ ܘܢܘܗܪܐ

ܘܫܡܫܢܝ ܕܠܐ ܢܙܝܢܐ ܡܛܠ ܕܠܐ ܗܘܬ

4   ܘܗܕܐ ܝܕܥܬ ܘܐܫܬܘܝܬ

ܘܠܐ ܐܬܛܥܝܬ ܒܐܝܕ̈ܐ

ܡܛܠ ܕܐܝܬܘܗܝ ܗܘܐ ܘܗܘܐ

5   ܘܠܐ ܗܘܐ ܠܝ ܢܝܚܐ ܥܕܡܐ

ܕܡܢܗܘܢ ܐܬܦܠܓܬ

ܘܠܐ ܩܒܠܬ ܛܥܡܬܗܘܢ

ܕܐܬܩܪܒܬ ܠܗ

6   ܘܐܡܪ ܚܬܢܐ ܗܢܝ ܚܕܐ ܒܠܥ ܛܘܥܝܝ

ܘܠܐ ܐܬܛܥܝ ܗܘܐ ܒܗ

7   ܥܪܝܐ ܡܢ ܓܒܪ ܒܝܪ ܥܠ ܗܘܐ ܒܩܛܝܪܐ ܘܒܪܘܚܗ

ܘܐܫܬܘܕܥܬ ܕܠܐ ܗܘ ܒܝܪ ܗܘ ܗܘܐ ܗܘܐ ܠܝ

8   ܠܗܠܝܢ ܕܡܬܚܒܠܝܢ ܒܛܘܥܝܝ

ܘܠܒܝܫܐ ܗܘ ܘܗܢܘܢ ܕܡܚܒܠܝܢ ܘܡܬܚܒܠܝܢ ܗܘ ܡܬܚܒܠܝܢ

9   ܘܠܡܫܒܠܝܐ ܕܐܬܟܠ ܚܠܝܐ ܗܘܐ ܠܗ

ܗܕܐ ܚܡܪܐ ܗܘܐ ܚܠܐ ܕܡܬܚܒܠܐ

ܘܐܬܘܐ ܒܡܬܒܠ ܕܡܬܚܒܠܐ

10   ܘܡܢܐ ܠܒܝܪܐ ܗܢܝ ܐܦ ܐܘ ܡܠܝܢ

ܘܐܢܫ ܠܝ ܗܘ ܘܡܚܒܠܐ ܘܛܒܥܘܬܐ

11   ܘܡܬܕܒܪܝܢ ܡܬܚܒܠܝܢ ܘܡܬܟܠܝܢ

ܘܡܬܚܒܠܝܢ ܠܚܠܒܐ ܘܡܬܚܒܠܝܢ ܠܗ

12   ܘܐܢܐ ܒܝܪ ܠܛܥܝ̈ܐ ܠܡܬܚܒܠܢܘܬܐ

ܘܡܬܚܒܠܝܢ ܠܗܘܢ ܕܠܝܬܘܢ ܥܪܝ ܒܪܝܐ ܘܦܘܠܗܘܢ

13   ܘܡܬܚܒܠܝܢ ܒܫܒܝܬܗܘܢ ܘܡܬܚܒܠܝܢ ܘܦܘܪ̈ܝܗܘܢ

ܘܚܕܪܝܢ ܠܗܘܢ ܒܝܪ ܕܠܐ ܝܕܥܝܢ ܠܗ

ܘܗܘ ܚܝܝܢ ܘܚܝܘܗܝ 14
ܘܦܪܩܗ ܕܗܘ ܗܘܐ ܡܫܘܕܥܐ
ܒܕ ܩܢܝܗܝ ܘܡܫܬܠܡ
ܒܕ ܛܒܐ ܗܘܘ ܠܗ ܐܟ
ܘܠܐ ܝܢ ܚܝ ܠܗ 15
ܐܠܐ ܐܫܬܘܕܬܐ
ܕܠܐ ܢܦܠܘܢ ܒܬܪ, ܐܟܝܢܬܐ
ܘܚܝ ܠܢܦܫܝ
ܡܛܠ ܕܠܐܘ ܗܘܐ ܚܪ ܢܗܪ 16
ܘܐܬܩܪܒܘ ܢܦܫܐ ܕܠܝܪܝܝܬܐ
ܘܐܬܡܠܝ ܫܘܐܬܗ ܥܠ ܢܝܫܐ ܐܣܝܪܐ
ܡܛܠ ܕܗܘܐ ܠܝܬܠܝ
ܗܘ ܝܢ ܡܢ ܚܣܢ ܢܣܝܪܐ 17
ܘܐܣܟܘܡ ܐܬܚܘܣ ܘܪܡܐ
ܘܗܘ, ܠܚܠܝܢ ܗܘ ܝܢ
ܘܫܘܒ ܘܣܠܩ ܘܐܦܬ, 18
ܘܡܠܐ ܐܪܐܘܒ
ܘܪܢܚܬܐ ܪܢ ܝܪ ܚܠܣܠܟ ܗܢܘܢܗ, 19
ܘܡܗܝ ܘܩܦܠܣܝܘܡ
ܚܢܝ ܘܩܗ ܘܡܗܬ ܕܚܘܬܐܘܬ ܘܡܗܬ 20
ܘܩܦܠܬܝ ܐ ܐܬܐ ܕ ܝܗܫܝܡ
ܘܩܚܢܣܟܬܐ ܕ ܠܝܩ ܘܡܗܬ 21
ܘܩܒܕܗ ܕ ܐܪܕܝܝܗܬ
ܗ ܘܠܠ ܝ

ܘܐܪܝܬ ܕܠܠ ܝ ܘܕܠܗ ܘܚܬܒ
ܘܡܝܐܘܬ ܐܠܝܢ ܣܠܒܡ ܗܪܝܢ ܝ ܐ 1
ܕܠܟܠܝ ܕܐܘܒܡ ܚܠܘܡ, ܘܗܬܒ ܚܬ ܝ ܘܫܝ ܘܡܢ
ܘܘܚܬܝܠܝ ܘܠܩܗܘܡ ܢܩܘܗܡܘܣ ܘܡܗܬܒܬ 2

ܘܣܠܩܝܢ ܩܝܢ̈ܬܐ ܡܚܫܒܠܝ ܗܘܘ̈ ܒܩܬܗܘܢ 3

ܣܝܚܒܝ ܐܝܟ̈ ܐܢܐ ܠܝܢ ܡܢ ܚܛܒܐ ܘܡܠܠܒܠܝ 4

ܗܘܘ̈ ܕܚܕܝ̈ܐ ܠܗܘܢ̈ ܘܡܫܒܚܬܐ ܠܐ ܢܬܬܒܕܪ̈ܢ 5

ܗܘܘ̈ ܕܡܫܠܡܝܢ ܗܘܘ ܕܠܐ ܡܘܬܐ ܠܐ ܢܬܒܠܣܢ̈ 6

ܠܓܠ ܕܐܝܬ ܗܘܘ̈ ܐܠܗܐ ܗܘ ܗܝ 7

ܐܬܐ ܒܥܡܟ̈ ܕܚܕܝ̈ܐ ܗܘܘܢ̈ ܐܘܝܪܐ ܗܘܐ ܒܗܘܢ ܒܕܚܠܬܐ ܝ̈ܪܝܒ ܠܐ

ܠܥܒܕ ܘܡܫܬܒܠ ܐܫܬ ܡܗܝ̈ܕܪܗܝ ܡܗܐ ܒܚܒܘܣܝ, 8

ܘܡܬܚܕܪܝܢ̈ ܕܠܐ ܣܚܝܢ̈ܘܗܝ ܗܘ

ܒܪ ܗܘܡܒ ܘܡܫ̈ܦܠܗܘܬܐ ܗܘܘܢ̈ ܠܒܚ

ܝܒܪ ܐܝܟ̈ ܐܢܐ ܗܝ̈ ܒܪ ܐܬܠܬܗ 9

ܗܡܕܚ ܘܚܕܝ ܐܢܐ ܡܢ ܒ ܙܠ̈ܓ

ܘܡܬܩܬ ܣܝܚ̈ ܚܠ ܚܬ̈ܢ ܗ ܘܠܐ ܐܬܒܠܚܕ 10

ܐܠܐ ܐܠܐ ܐܬܠܝܢ̈ ܝܢ̈ ܡܘܣ ܡܗܟ̈ܡ ܕܢܝ̈ܒܝ 11

ܘܡܟܕܐ ܘܡܟܕ ܚܟ̈ܝܕܬܝ ܣܚܝ̈ ܗܘܘ ܝ̈ܠܠܠܐ

ܘܡܬܩܬ ܕ.ܝ ܕܚܝ̈ܐ ܝ ܣܚܝ ܚܚܝ̈ ܐܠܝ 12

ܘܠܐ ܡܬܚܠܦܠܝ ܘܐܠܦ ܡܬܚܠܚܠܝ

ܘܡܬܬܒܩܬܐ ܐܘܝܪܐ ܚܒܝ̈ܒܠܝ ܠܓܠ ܠܝ̈ܠܝ ܕܚܝ̈ܐ ܚܬ̈ܢ ܒܪܝܡ 13

ܘܠܘܣܡ̈ܐ ܕ.ܚܠܚܒܝ ܠܠܚܠܬܐ ܕܡܟܚܘ̈ܒܬܐ ܣܘ̈ܝܕ ܝ ܠܚ̈ܡܫ

ܝ ܐܠܠܗ

ܘܐܠܝܘ̈ܬܐ ܕܒܝܪܘܝ̈ܘܣܝܢ

ܐܝܟ ܕܐ̈ܠܓܐ ܕܒܚܠ ܡܢ ܒܒ̈ܠ ܗܐ ܕܕ̈ܒܚܢܐ 1

ܘܒܝܪ ܣܠܚܒ ܡܢ ܐܬܠܬܐ ܪܘܝ̈ܐ ܚܕ̈ܬܢܝ

ܡܒܝܟ̈ ܐܪ ܗܕܝ, ܚܠ̈ܘܝ ܗܘ ܐܠܦ,

ܐܝܟ ܕ.ܝ ܪܡ̈ܐ ܘܡܚܕ̈ܬܐ ܗ̈ܡܘܬ, 2

ܘܡܒܝܟ̈ ܚܝ̈ܒ ܗܘܐ ܠܕܪ ܦܬ̈ܘܬܗܕܪ ܕܐܝ̈ܪ ܝ̈

ܘܣܩܘ̈ܬܐ ܗܘ ܚܒܥ, ܚܬ̈ܘܒܬܐ

3 ܘܠܥܠܡ

ܣܠܩ ܚܘܠܦܝܗܘܢ܆ ܘܚܝܠܝ ܘܗܕܪܗ
ܕܐܠܗܐ

4 ܘܗܘܐ ܠܢ ܐܦܩ ܚܕ ܣܘ
ܗܕ ܐܝܟ ܐܘܢ ܚܘܣܕܐ
ܘܠܥܠܡ ܢܐܒܚ ܡܢ

5 ܘܗܘܠܟ ܡܢ ܚܝܠܬܐ
ܘܩܝܡܘܗܝ ܡܢ ܢܚܝܐ

6 ܘܗܕܝܘ ܐܬܝܪ ܐܝܟ ܣܬܢ ܐܠܐ ܕܠܐ ܣܘܦܐ
ܘܡܚܫܠܝܗܘܢ ܕܠܐ ܣܟܐ
ܗܠܠܘ ܠܥܠܡ

ܘܐܢܐ ܕܐܬܚܣܒܬ ܕܪܐ ܩܘܡܐ

1 ܢܚܣܟ ܠܐܠܗܐ ܟܠܗܘܢ ܦܠܗܘܗܝ܆
ܘܣܚܘ ܡܢ ܥܝܪܐ ܘܡܚܒܗܘܬܗ

2 ܘܢܚܝܕܐ ܢܗܘܐ ܠܡܗ ܐܬܥܩܘ܆
ܡܛܠ ܐܡ ܝܝ ܐܪܗ ܚܘܣܡܐ

3 ܣܝܝ ܚܒܐ ܐ ܚܦܚܒܬܗ
ܘܢܬܪ ܡܩܛܠܝܝ ܚܒܝܣܝ

4 ܘܗܘܝ ܠܟ ܪܗ ܘܐ ܐܡܪ ܠܝ
ܘܗܘܒܬܗ ܡܢ ܗܘ ܡܚܕܗ ܘܗܬܚܝܬܗ

5 ܢܐܦܘ ܢܐܦܐ ܘܡܚܠ ܥܠ ܐܚܣܘܐ ܠܠ ܢܚܬ ܕܗܪܗ ܚ
ܘܢܚܣܐ܆ ܘܗܘܝܗ܆ ܚܒܠܬܗ

6 ܘܢܚܝܘ ܐܦܩ ܐܝܢܘܝ ܚܠ ܚܒܪܘܪ
ܘܢܚܬܘ ܠܩܘܗܠ ܢܚܘܢ ܚܠܠܝܢ ܘܒܪ ܐܚܫܘܬܐ

7 ܢܗܘܝ ܝܡ ܕ ܣܝܚ ܡܚܝܕ ܐܗܕ ܐ

ܟܠ ܗܫܝ ܗܡܠܝ ܐܗܠܒܡ ܗܘܡܐ ܚܠܘܡ ܒܢܝܬܗܠ　8

ܐܠܐ ܐܘܗܝ ܐܡܫܠ ܗܕܝ ܕܠܟܡ

ܠܕܬܐܗܬܪ ܒܢܝܪ ܢܝܠܚ ܐܟܐ　9

ܒܝܚܝܡ ܟܡ ܝܕܠܡܕ ܦܘ

ܠܕ.ܠܛ ܝܢܝ ܗܪܕܡ ܘܗܕܡܟ　10

ܐܡܚܠ ܕܐܬܘܢܚܪܐ

ܘܪܐܝܘ ܐܠܬܚܒ ܡܚ ܡܠܬܗܡ　11

ܠܩܦܢ ܐܠܗ ܐܠܐܡ ܐܠܗ ܕܗܝܘܦ

ܒܠܕ ܕܐܗܠܡ ܗܘܗ ܟܒ ܬܐܬܪܝ ܡܫܕܚܬ ܢܐܕ ܐܪܝܚ ܪܐܬ　12

ܐܡ ܕܗܝܪ ܒܝܚ ܒܕܐܬܗ ܐܬܠܚܬ ܒ,ܐܘܗܟ ,ܗܡܘܚܝ　13

ܡܘܡ ܡܟ ܪܡ ܗܡ ;ܡ ܐܬܠܚ ܡܟ ܓܕܕ ܐܘܡܠܘ　14

ܘܗ ܐܪܝܪܟ ܚܝܫܚ　15

ܐܠܗܠܚܕ ܬܐܗܬܪܝܕ ܡܪܩ ܡܟ ܕܪܕܬܐ

ܡܚܡܕ ܐܪܝܪܟ ܡܠܚܠ ܐܬܩܦ ܪܫܐ ܗ　16

ܟ ܠܐܗܠ ܐܬܚ ܐܗܪܐ ܟ ܬܘܒܚܬ

ܡܠ ܝܒܚܫܡܕ ܝܠܐ ܟ

ܡܠܠܐ ܟ

─────────────

ܟ ܐܬܝܪܚ ܐܕ ܒܝܪܒܢ ܝܒܚܢܕ ܐܕܡܘ

, ܝܡ ܕܝܪܬܐܕ ,ܟܝ ܪܬܐ ,ܗܘ ܠܕ ܛܦܡܦ　1

, ܡ ܗܘܡܬ ,ܗ.ܙܪܕܗܡ ܛܡ

ܪܝܚܠܗ ܐܡܘܐ ,ܒܝܠܚ ܦܘܩܦ　2

ܝܠܘ ܪܬܐ ܕ ܪܐܘܚܡ ܟܠ ܠܐܬܐܕ

ܠܡܘܗ ܟ ܚܝܣ ܠܕ ܡ ܐܡܘܗ　3

ܪܠ ܚܝܚܒ .ܕ

ܠܡܘܗ ܪܬܐܦܐܕ ܠܟܡ

ܪܠ ܡܘܗ ܗܚܝܣܐ ܟܠܕ

ܪܠ ܝܒܚܫܡܕ .ܡ ܠܗ ܠܘܗ ܐܡܘܐܘ　4

ܪܦܘܕܙܪ ܠܡܘܗ ܬܚܘ　5

ܪܠܚ ܙܝܚܚ ܕ ܡ ܠܘܐܩܒܘ

ܐܠܐ ܪܦ.ܗ ܕܠܟܡ

ܡܣܩܬܐ ܠܪ ܐܦܘܟ، ܚܡܠܟ ‏6
ܘܡܠܠܬ ܚܩܛܒܗܘܢ

ܐܣܠܗ ܚܝܢ ܠܐ ܣܠܘ ܗ̇ܪܩܒܝ ܠܩܗ ‏7
ܘܐܝܪܟܐ ܚܠܒܟܪ ܚܘܗܠܝ ܠܝܢ ܪܣܒܪ

ܐܝܘܪ ܗܪܙ ܐܘܬܪ ܥܠ ܓܠܠܗ ‏8
ܡܚܠܟ ܠܝܐ، ܚܠ ܐܣܠܘ ܗ ܬܚܣ ܠܪ

ܐܝܘܪ ܝܠܘܬܐ ܐܚܗܪ ܣܘܗ ܠܘܗ̈ܟ ‏9
ܡܚܠܟ ܣܘܒܪ ܚܠ ܐܣܠܘ ܗܡܚܘܬܠܒ ܬܪ

ܠܐ ܐܦܘܬܠܗ ܐܦ ܐܦܘܗ ‏10
ܘܠܐ ܐܚܒܬ ܐܦ ܪܘܝ ܐܘܝ ܚܠܪ

ܥܒܝܠ ܣܘܬܝ ܣܒܪ ܘܐܬܗܘܒܗ ‏11
ܘܚܡܗ ܐܘܚܒܣܪ ܘܠܩܛܝ̈ܝܐ ܚܚܪ

ܐܣܠܘ ܗܪܐ̈ܪ ܗܘܡ ܗܠ ܡܗ ‏12
ܘܐܘܬܗ ܚܡܬ ܚܡܬ ܗ ܐܘܬ ܗܘܐ ܗܘ ܐܘܡܐܩ

ܐܘܠܐܠܗ ܘܪ ܐܣܘ ܐܘܝܪ ‏13
ܠܐܠܗ ܗ ܪ ܐܘܒܚ ܠܚܣܒܬܐ ܦܘ̈ܦܒܪ

ܡܚܒܬܗ ܚܠܐ ܗ ܐܪ̈ܢܬܟ ܚܒܢܬ̈ܢ، ‏14
ܘܡܠܠܬ ܠܠܟܡ ܠܐܡܬܗ ܘ ܚܩܐܒܩ ܣܢܬ ܐܪ̈ܢܬ
ܡܠܠܟ ܗ ܪ ܘܡܐܘ ܗܠܠ ܦܒܘ̈ܚܪ

ܐܘܝܪܘ ܠܝܠ، ܡܘ ܠܘܡ ܐܨܝܡܘܗ ܐܘܗܒܬ ‏15
ܘܡܣܚ ܐܘ̈ܡܪܘ
ܐܡ̈ܒܐ ܗ ܪܝܘ ܣܠܚ

ܘܚܒܬܗ ܚܒܥ ܐܢܩ ܚܣܒܒܨܚ ‏16
ܘܐܩܒܣܡ ܣ ܐܘܡܒ̈ܪܐ ܪ ܐܚܒ̈ܐ

ܘܣܩܛܗ ܠ ܐܬܪ̈ܐ ܚܗܡ ܚܣܘܦ ܡܣܒ ܐܘܗܛ ‏17
ܐܘ̈ܩܣ ܠܝ ܐܘ̈ܪܒܬܝ ܚܠ ܗ ܚܝܢ ܠܝܢ ܣ ܣ

ܠ ܐܦܘܪܒ ܘܪ ܐܦ ܣܠܝ ܚܚܝ ‏18
ܡܣܘܦ ܗܘ ܐܘܬܗ ܪ ܠܠܟܡ

ܐܝܟ ܐܝ̈ܕ ܨܝܒܬܐ ܘܒܠܗܘܢ　19

ܘܡܘܬܐ ܠܒܩܬ ܡ ܘܒܪܥܝܗܘܢ

ܘܡܘܬܐ ܠܥ ܪ ܝܫܘܥ ܫܝܒ　20

ܚܠܠܟ ܕܩܒܪ ܚܝܪܐ ܐܠܝܢ

ܘܗܘ ܕܝܠ ܐ ܐܠܟܘ ܗܘܡ

ܡܠܠܘ ܐ

CORRIGENDA IN OBO 25/1

S. 101 (OdSal 8,16c): „mögen'' statt „mö-en''

S. 116 (OdSal 14,4a): „bklzbn'' statt „blkzbn''

S. 130 (OdSal 20, Überschrift): „d'sryn'' statt „d'sryn''

S. 183 (OdSal 42,17): „durch die'' statt „durch das''

FAKSIMILE

DES

PAPYRUS BODMER XI

VERÖFFENTLICHT

MIT GENEHMIGUNG DES STIFTUNGSRATES

DER FONDATION MARTIN BODMER IN COLOGNY—GENEVE

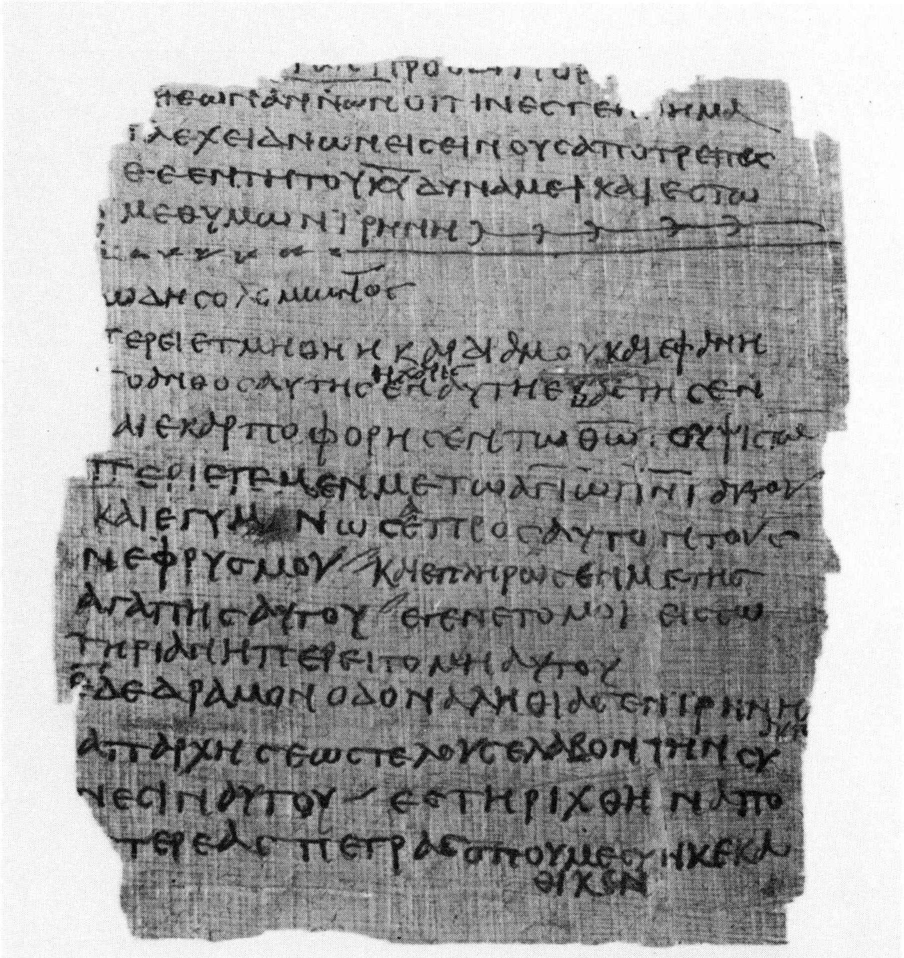

PAPYRUS BODMER XI, S. 1 (recto)

PAPYRUS BODMER XI, S. 2 (verso)

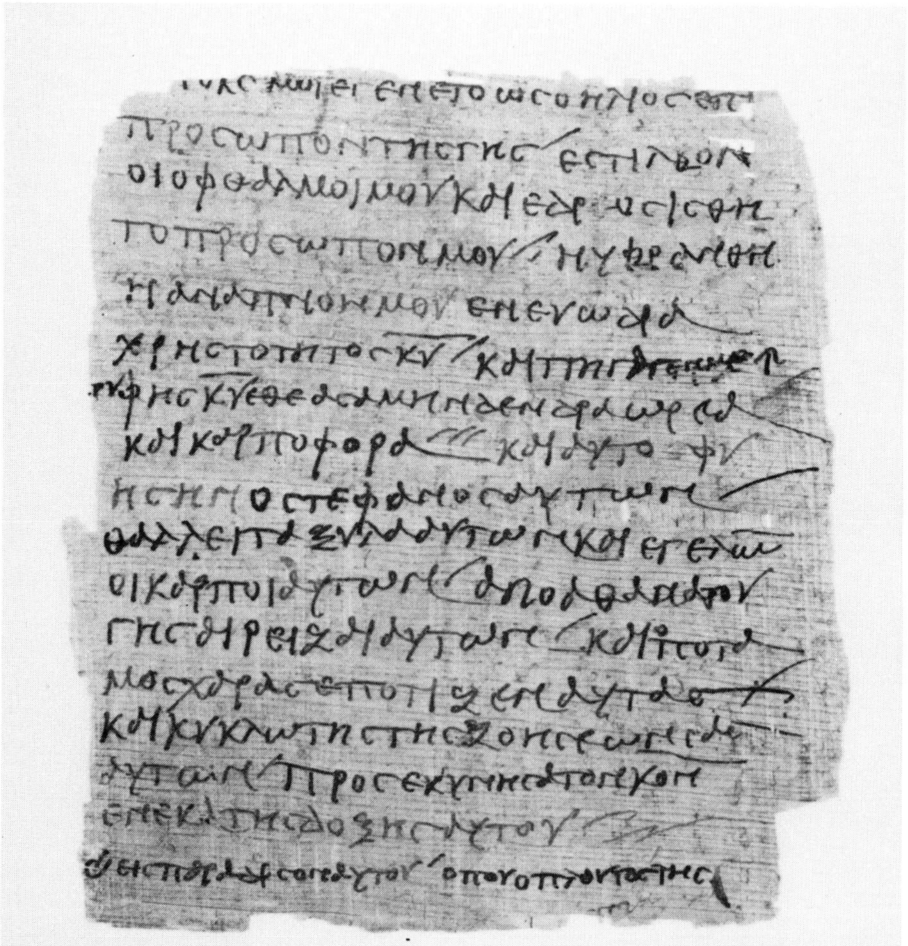

PAPYRUS BODMER XI, S. 3 (recto)

PAPYRUS BODMER XI, S. 4 (verso)

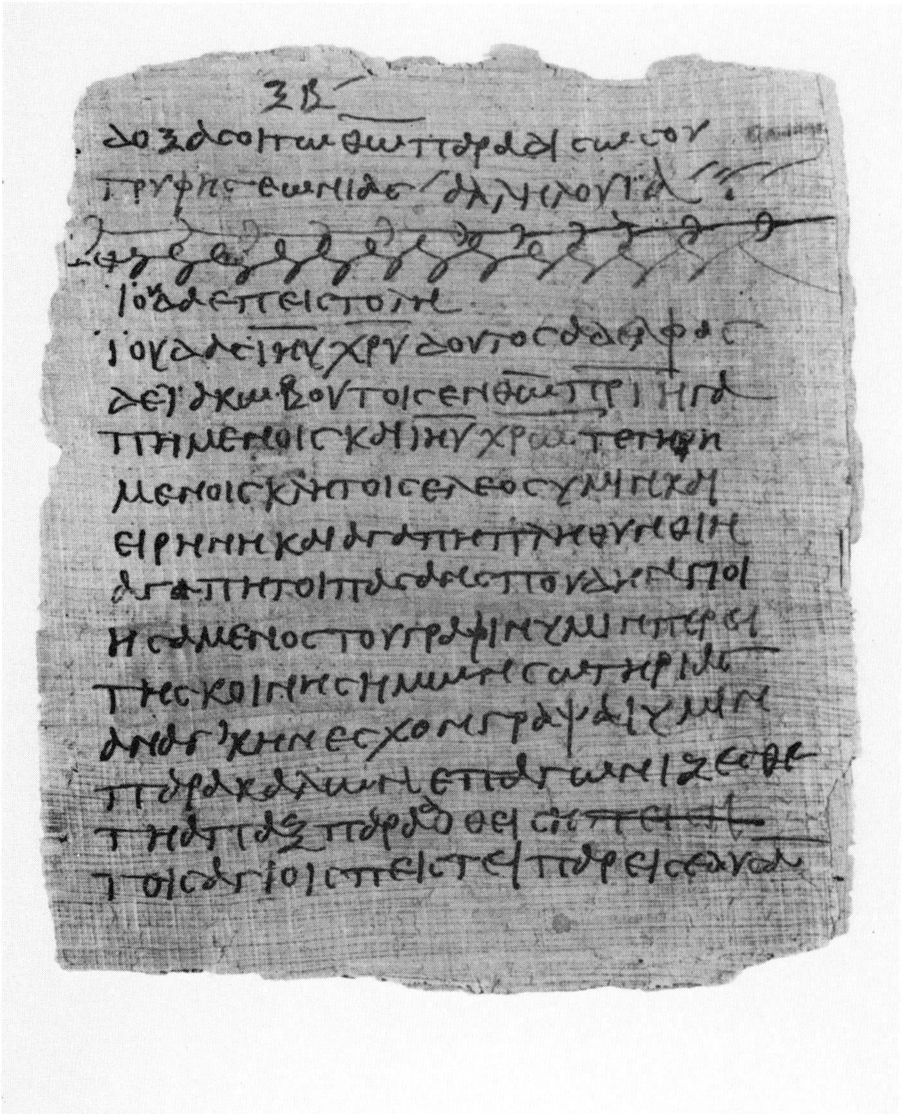

PAPYRUS BODMER XI, S. 5 (recto)

Bd. 16   JEAN ZUMSTEIN. *La condition du croyant dans l'Evangile selon Matthieu.* 467 pages. 1977.

Bd. 17   FRANZ SCHNIDER: *Die verlorenen Söhne.* Strukturanalytische und historisch-kritische Untersuchungen zu Lk 15. 105 Seiten. 1977.

Bd. 18   HEINRICH VALENTIN: *Aaron.* Eine Studie zur vor-priesterschriftlichen Aaron-Überlieferung. VIII - 441 Seiten. 1978.

Bd. 19   MASSÉO CALOZ: *Etude sur la LXX origénienne du Psautier.* Les relations entre les leçons des Psaumes du Manuscrit Coislin 44, les Fragments des Hexaples et le texte du Psautier Gallican. 480 pages. 1978.

Bd. 20   RAPHAEL GIVEON: *The Impact of Egypt on Canaan.* Iconographical and Related Studies. 156 Seiten, 73 Abbildungen. 1978.

Bd. 21   DOMINIQUE BARTHÉLEMY: *Etudes d'histoire du texte de l'Ancien Testament.* XXV - 419 pages. 1978.

Bd. 22/1 CESLAS SPICQ: *Notes de Lexicographie néo-testamentaire.* Tome I: p. 1-524. 1978.

Bd. 22/2 CESLAS SPICQ: *Notes de Lexicographie néo-testamentaire.* Tome II: p. 525-980. 1978.

Bd. 23   BRIAN M. NOLAN: *The royal Son of God.* The Christology of Matthew 1-2 in the Setting of the Gospel. 282 Seiten. 1979.

Bd. 24   KLAUS KIESOW: *Exodustexte im Jesajabuch.* Literarkritische und motivgeschichtliche Analysen. 221 Seiten. 1979.

Bd. 25/1 MICHAEL LATTKE: *Die Oden Salomos in ihrer Bedeutung für Neues Testament und Gnosis.* Band I. Ausführliche Handschriftenbeschreibung. Edition mit deutscher Parallel-Übersetzung. Hermeneutischer Anhang zur gnostischen Interpretation der Oden Salomos in der Pistis Sophia. XI - 237 Seiten. 1979.

Bd. 25/1a MICHAEL LATTKE: *Die Oden Salomos in ihrer Bedeutung für Neues Testament und Gnosis.* Band 1a. Der syrische Text der Edition in Estrangelā Faksimile des griechischen Papyrus Bodmer XI. 68 Seiten. 1980.

Bd. 25/2 MICHAEL LATTKE: *Die Oden Salomos in ihrer Bedeutung für Neues Testament und Gnosis.* Band II. Vollständige Wortkonkordanz zur handschriftlichen, griechischen, koptischen, lateinischen und syrischen Überlieferung der Oden Salomos. Mit einem Faksimile des Kodex N. XVI - 201 Seiten. 1979.

Bd. 26   MAX KÜCHLER: *Frühjüdische Weisheitstraditionen.* Zum Fortgang weisheitlichen Denkens im Bereich des frühjüdischen Jahweglaubens. 703 Seiten. 1979.

Bd. 27   JOSEF M. OESCH: *Petucha und Setuma.* Untersuchungen zu einer überlieferten Gliederung im hebräischen Text des Alten Testaments. XX - 394 - 37* Seiten. 1979.

Bd. 28   ERIK HORNUNG / OTHMAR KEEL (Herausgeber): *Studien zu altägyptischen Lebenslehren.* 394 Seiten. 1979.